Vielen Dank für
Ihren Bericht

Ihr

[illegible]

Der Tag der Entscheidung

ROLF WESTERMANN

Der Tag der Entscheidung

ROLF WESTERMANN

EDITION
AHGZ Allgemeine Hotel- und Gastronomie-Zeitung

MATTHAES VERLAG GMBH
Ein Unternehmen der dfv Mediengruppe

„Die schlimmste Entscheidung
ist Unentschlossenheit.“

(Benjamin Franklin)

Inhalt

Porträts

ALBERT DARBOVEN

Grußwort

„Sich regen bringt Segen“ – für uns und unsere Partner. Seit über 150 Jahren ist unser Familienunternehmen J.J.Darboven sich dieser Devise treu.

So erweitern wir nicht nur stetig unsere Kaffee-Expertise und entwickeln mit Leidenschaft, Herz und Verstand unser Angebot weiter. Auch soziales Engagement hat in unserem Unternehmen über das Produkt-Sortiment hinaus einen sehr hohen Stellenwert. Sich zu engagieren und damit Hilfestellung zu geben ist für mich eine Selbstverständlichkeit. Es ist eine Frage der Haltung. Besonders wichtig ist uns als Unternehmen und insbesondere mir als Inhaber aber vor allem, dass wir bei jeglichen unternehmerischen Prozessen eine helfende Hand ausstrecken.

„Kaffee ist meine Leidenschaft und mein Leben" – Unser Unternehmen wurde 1866 von Johann Joachim Darboven in Hamburg als kleines Ladengeschäft gegründet und war innerhalb weniger Jahre bereits über die Stadtgrenzen hinaus bekannt. Seither ist viel passiert: Mit der Einführung des IDEE KAFFEE 1927 und der Erweiterung des Kaffeevertriebes auf die Gastronomie im Jahre 1930 florierte das Familienunternehmen. Selbst die Lieferengpässe während der beiden Weltkriege oder die anschließende Rezession konnten unserer Stellung in der Kaffeebranche nichts anhaben. Die bundesweite Erschließung des Lebensmitteleinzelhandels und die Anexion verschiedener Firmen in den 1970er und 1980er Jahren verhalfen uns zu immer weiterem Wachstum in den Folgejahren – sowohl in unserem Produkt-Sortiment, als auch als fachkundiger Partner mit passenden Lösungen für die Gastronomie und Hotellerie.

An dieser Stelle möchte ich mich deshalb herzlich für das Vertrauen bedanken, das unsere Partner uns bereits seit so vielen Jahren entgegenbringen. Gemeinsam sind wir gewachsen und haben uns weiterentwickelt – als Kaffee-Experten, aber vor allem auch als Anbieter von maßgeschneiderten Servicekonzepten. Seit Jahrzehnten stehen wir unseren Partnern und Kunden mit Rat und Tat zur Seite: Wir bieten mit hochwertigen Marken wie J.J.Darboven Classics, EILLES KAFFEE, IDEE KAFFEE, Mövenpick Café, J.Hornig und Alfredo Espresso nicht nur Kaffeegenuss für jeden Gast, sondern liefern neben der Fairtrade-Marke Café Intención oder dem biologisch angebauten Café Verde auch trendorientierte Kaffeeprodukte wie ID BLUE oder ID ORIGINS für individuelle Verbraucherwünsche. Außerdem unterstreichen wir unsere Position als allumfassender Heißgetränkespezialist durch unser Tee- und Kakao-Sortiment, das wir unseren Außerhauskunden für eine Komplettlösung anbieten. Dieses reicht vom klassischen EILLES TEE, der Sorten für jeden Geschmack bietet, über moderne Marken wie PLATEANUM und CHAIPUR bis hin zu unserer Kakao-Marke COCAYA.

Unsere Expertise reicht aber weit über die Bereitstellung der passenden Produkte hinaus: Für die Hotellerie und Gastronomie haben wir ein über die Grenzen Deutschlands hinweg funktionierendes Außendienst-Netzwerk etabliert, sodass wir unseren Kunden jederzeit und persönlich zur Seite stehen können. Das Darboven-Team kümmert sich dabei nicht nur um die Schulung von Personal hinsichtlich der Zubereitung der klassischen Heißgetränke-Spezialitäten, sondern informiert auch über neue Trendbewegungen, über die Auswirkungen von Wasserhärtegraden oder die Bedienung und richtige Einstellung von Kaffeemaschinen. Darüber hinaus unterstützt die Außendienst-Organisation unsere Partner gerne bei der Auswahl der richtigen Maschinen und bieten ihnen auch stilvolles Zubehör für den Einsatz der Produkte in Gastronomie, Hotellerie, in Bäckereien, bei Konditoren, Großverbrauchern und im Vending-Bereich. Dieses Fundament und die darauf aufbauenden intensiven Beziehungen ermöglichen es uns, lösungsorientiert zu agieren und unseren Kunden individuelle Pakete anzubieten. Nur durch diese Basis und das gewachsene, gegenseitige Vertrauen konnte sich J.J.Darboven als Marktführer im Außerhausmarkt etablieren. Denn wir stehen als hanseatisches Unternehmen für Qualität, Tradition sowie Innovation – in der Vergangenheit wie auch in der Zukunft.

Ihr Albert Darboven

DIETMAR MÜLLER-ELMAU

Philosophie, Software und ein Schloss

Dietmar Müller-Elmau hat sein Leben lang versucht, aus der Hotellerie auszusteigen, und doch kam er immer wieder zurück. Vieles in seinem Leben entstand durch Zufall und brachte ihn von seinem eigentlichen Wunsch ab, Philosophie zu studieren. Was treibt den Inhaber eines der außergewöhnlichsten Hotelresorts in Deutschland an?

Mehr als hundert Festgäste haben sich im alten Konzertsaal von Schloss Elmau versammelt. Der Inhaber der Hotelikone, Dietmar Müller-Elmau, erhält an diesem Abend eine hohe Auszeichnung: die Brillat-Savarin-Plakette für herausragende Verdienste um die Gastlichkeit. Ausgerechnet im Alter von 62 Jahren bekommt er die Plakette Nummer 62. Einige der bisherigen Preisträger sitzen in der ersten Reihe: Kaffeekönig Albert Darboven, die Baiersbronner 5-Sterne-Hoteliers Hermann Bareiss und Heiner Finkbeiner sowie die Besitzerin des Bayerischen Hofs in München, Innegrit Volkhardt.

Der Saal ist große Persönlichkeiten gewohnt. Jedes Jahr gibt es etwa zweihundert hochkarätige Konzerte, Lesungen und Vorträge. Mit dabei waren die Schriftsteller T. C. Boyle und Hans Magnus Enzensberger, der Jahrhundertgeiger Yehudi Menuhin und der norwegische Jazzmusiker Jan Garbarek. Hollywood-Star Bill Murray rezitierte Texte von Hemingway.

Es ist Anfang April, der Frühling weiß noch nicht, dass er kommen soll. Von der 2.500 Meter hohen Wetterstein-Wand schimmert der helle Schnee in der Dämmerung herab ins Tal. Am Fuße des Massivs liegt das Schloss auf einer Lichtinsel wie eine Fata Morgana im Elysium. Außerirdische Besucher könnten zu dem Schluss kommen, es handele sich um einen Tempel des italienischen Lichtkünstlers Enzo Catellani. Etwa tausend Leuchten, viele davon mit Blattgold belegt, weben einen höchst angenehmen Lichtteppich, tauchen alles in eine edle Optik und inspirieren den Betrachter.

In dem mehr als hundert Jahre alten Festsaal dominieren helle Holztöne und rote Stoffe. Auf der Bühne stehen weiße Orchideen neben dem schwarzen Steinway-Flügel. Dort eröffnet Jazzpianist Chris Adams den Abend. Er ist eingerahmt von zwei mannshohen Catellani-Standleuchten des Modells Stchu-Moon 09, das die Gäste im Hotelshop für rund 2.300 Euro pro Stück kaufen können.

Die Brillat-Savarin-Plakette ist eine ernste Angelegenheit, Dresscode ist „dunkler Anzug/festliche Tracht". Müller-Elmau kam am Vorabend gerade aus New York zurück, ist noch im Jetlag, er steht als Einziger ohne Krawatte auf der Bühne. Im Vorgespräch erzählt er, dass er seine letzten Binder bei Gesprächen mit der Bank getragen habe. Nachdem das Schloss florierte, entsorgte er sie.

Über Müller-Elmau ergießt sich ein Füllhorn der Hochachtung und Bewunderung: Trendsetter, Visionär, Perfektionist, Kosmopolit, Feingeist, Freigeist, Unikat, Schöpfer des magischen Ortes Schloss Elmau. Bei so vielen Komplimenten wirkt er fast scheu. In seiner Dankesrede geht er vor allem auf die Freiheit ein, sein großes Thema. „Die zentrale Idee ist, dass im Schloss Elmau jeder ein Maximum an Freiheit und Individualität finden kann." Jedenfalls, sofern der Gast sich diesen exklusiven Freiraum leisten kann.

Wer ist Dietmar Müller-Elmau? Ist er Hotelier? Sieht er sich als Schlossherr? Oder schlägt in ihm noch das Herz des Software-Spezialisten aus seinem früheren Leben? „Wenn man ein Hotel besitzt, ist man eigentlich Hotelier", antwortet Müller-Elmau auf die Frage nach dem Etikett.

„Aber ich bin kein Hotelier von Beruf, sondern durch Besitz dazu gekommen. Natürlich mache ich das engagiert, aber man kann mich nicht wirklich als Hotelier bezeichnen." Insgesamt sehe er sich eher als Entwickler und Unternehmer. „Früher war ich Software-Entwickler, nun entwerfe ich Hardware. Ich bin nicht der begnadete Hotelier wie Hermann Bareiss und kann deshalb nicht der primäre Gastgeber sein. Ich baue die hoffentlich perfekte Bühne, andere leiten das Theater."

Für seine vielfältigen Talente hat der „Bühnenarchitekt" schon einige Preise bekommen. So wurde er 2012 als Hotelier des Jahres von der AHGZ ausgezeichnet. Müller-Elmau nimmt die Würdigungen mit Genugtuung entgegen, sieht sich aber im Grunde genommen nicht als der richtige Adressat für solche Hotelpreise. Denn er wollte eigentlich Philosophie studieren, in der Hotellerie blieb er unfreiwillig immer wieder hängen. Hotels sind für ihn der Rahmen, der die Freiheit der Möglichkeiten schafft. „Ich kann mir ein Leben ohne Musik und Literatur nicht vorstellen, und ich würde keinen Pfennig in ein Hotel investieren, wenn es nicht als Bühne der Inspiration dienen könnte. Wir betreiben nicht Kultur, um das Hotel zu füllen, sondern Kultur ist für mich der einzige Grund, überhaupt ein Hotel zu betreiben."

Die Verehrung von Juden und Hitler

Schloss Elmau wurde im Ersten Weltkrieg zwischen 1914 und 1916 von Dietmar Müller-Elmaus Großvater Johannes Müller erbaut. In seinem Buch „Schloss Elmau – eine deutsche Geschichte" beschreibt Müller-Elmau das Vorhaben wie folgt: Die Gäste sollten in einer Gemeinschaft Gleichgesinnter bei Konzerten und Tanzabenden mit klassischer Musik und unberührter Natur Urlaub vom Ich machen, um unberührt wie Kinder ihres göttlichen Wesens in der Stille gewahr werden zu können. Für Johannes Müller war der Zusammenbruch Deutschlands nach dem Weltkrieg eine Strafe Gottes für Egoismus und Nationalismus. Er hatte die Vision von einem neuen „ichlosen", moralisch überlegenen deutschen Volk. Das trieb ihn zunächst in die Nähe des Kommunismus, dann in die Arme der Nationalsozialisten.

1933 erkannte er in Hitler plötzlich ein Werkzeug Gottes, stellte sich aber gegen den Antisemitismus, den er als „Schande für Deutschland" bezeichnete. Mehrmals entging er Repressalien und der Verhaftung, weil sich hochrangige Fürsprecher für ihn einsetzten. 1942 verpachtete er das Schloss als Erholungsheim für Fronturlauber, um eine Beschlagnahme zu vermeiden, 1944 wurde es ein Lazarett. Nach Kriegsende nutzte es die US-Armee als Gefangenenlager.

Wie geht Müller-Elmau mit dieser Geschichte um? Er thematisiert die Vergangenheit jedenfalls offen und leitet daraus eine große Lehre ab: „Mein Großvater verehrte Juden und Hitler gleichermaßen – ein Widerspruch in sich. Aber damit lieferte er für mich die Erklärung für die überwältigende Unterstützung Hitlers vor allem durch die kulturellen Eliten. Das ‚Du bist nichts, das Volk ist alles' der nationalsozialistischen Volksgemeinschaft überzeugte auch meinen Großvater. Sein höchstes Ideal war die Freiheit vom Ich in einer Volksgemeinschaft Gleichgesinnter. Meines ist die Freiheit des Ichs in einer Gesellschaft Fremder."

Das Thema Freiheit setzt er im Schloss bis heute konsequent um, zum Beispiel im Restaurant Fidelio, wo sich die Gäste mit raumhohen Stoffvorhängen ihre eigene Rückzugsmöglichkeit beim Essen schaffen können. So können sie eher schauen, als dass sie gesehen werden.

Als Dietmar Müller-Elmau 1954 im Zimmer 54 des Schlosses geboren wurde, war sein Großvater bereits tot, aber seine Tradition lebte weiter. Wer in einem solchen Monument zur Welt kommt, hat über die Nabelschnur eine Verpflichtung fürs Leben mitbekommen. Seine Eltern Bernhard und Bertha wollten, dass der Sohn das Schloss einmal übernimmt. Doch er hasste als Kind die fast sektenähnlichen Zusammenkünfte, bei denen das Ich an den großen Gemeinschaftstischen abgegeben wurde und nach einem Konzert nicht geklatscht werden durfte. Einmal schraubte er bei einem Vortrag die Sicherung heraus. Die Zuhörer saßen im Dunkeln, aber es kam Leben ins Gemäuer.

„Ich wollte das Gegenteil von dem, was mein Großvater wollte", betont Müller-Elmau. „Ich zersetze die Gemeinschaft, bin Individualist." Viele bekannte Persönlichkeiten besuchten damals die Begegnungsstätte in den Alpen. Die Besucher strebten nach Höherem, für den jungen Dietmar Müller-Elmau war es jedoch die pure Scheinheiligkeit, die er auch in seinem Buch beschreibt: „Nach Ansicht des berühmten Theologen Prof. Jürgen Moltmann war Schloss Elmau wegen seines ostentativen Heiligenscheins und der vielen jungen, hübschen Helferinnen wahrscheinlich der einzige Ort auf der Welt, wo fromme Protestanten auch ohne schlechtes Gewissen sündigen konnten. Vielleicht war dies sogar einer der wichtigsten Gründe für den außergewöhnlichen Erfolg von Schloss Elmau ohne Johannes Müller." Entsagung und Sünde schliefen Tür an Tür.

Die Philosophie des Sowohl-als-auch

Die Diskussion mit seinen Eltern über die Zukunft mündete in einer Lebensanschauung des Sowohl-als-auch. 1974 nahm er in München das Studium auf und schrieb sich in seinem Wunschfach Philosophie ein. Seinen Eltern zuliebe studierte er außerdem Betriebswirtschaft, aber unter dem Namen Müller. „Man muss Kompromisse schließen", unterstreicht Müller-Elmau. „Ich habe das nirgendwo so oft gesehen wie bei Angela Merkel, nicht entweder oder sondern sowohl als auch."

BWL fand er langweilig. So wechselte er nach dem Vordiplom auf die Ivy-League-Universität Cornell in Ithaca im US-Bundestaat New York und landete im neuen Master-Studiengang Hotelmanagement. Mit 21 Jahren war er der weitaus Jüngste, hatte keine Berufserfahrung, und sein Englisch war ausbaufähig. „Am Anfang verstand ich nichts." Auch sein erster Kontakt mit Software verlief nicht gerade vielversprechend, doch er brachte sich den Stoff mit Handbüchern und Fremdwörterlexika nachts selbst bei. Schon kurz darauf konnte er das Seminar als Teaching Assistant selbst unterrichten. „Das ist Amerika", resümiert Müller-Elmau.

Das letzte Viertel absolvierte er als Praxisaufenthalt im 5-Sterne-Resort Sonnenalp in Ofterschwang. Nach dem Ende des Studiums wollte er sich endlich der Philosophie widmen, doch er ließ sich wieder auf einen Kompromiss mit seinen Eltern ein: Teilzeitarbeit im Schloss, Teilzeitstudium in München. Nebenbei hatte er eine Familie gegründet und mittlerweile drei Kinder. Mit Mühe hielten sie sich über Wasser. Müller-Elmau fühlte sich zunehmend gefangen. „Die Unterordnung ging gar nicht." Nach wochenlangem Ringen kam der ***Tag der Entscheidung:*** Er stieg aus, stürzte sich ins Ungewisse. „Es war die totale Krise: Meine Ehe war geschieden, ich hatte drei Kinder, kein Geld, kein Erbe, nur noch das letzte Monatsgehalt. Einfach in ein Loch zu springen, war für mich die schwierigste Entscheidung meines Lebens, schwerwiegender als alles, was danach kam."

Die maximale Freiheit hatte keinen doppelten Boden. „Aber als ich die Entscheidung endlich getroffen hatte, war ich unendlich glücklich." Er ging in die USA und kaufte einen portablen Compaq Computer mit aufklappbarer Tastatur, dazu das Datenbanksystem dbase. Zurück in Deutschland begann er zu programmieren. Sein Arbeitsplatz entsprach allen Vorurteilen über Nerds: Drei Computer standen neben seinem Bett in einer Münchner Einzimmer-Wohnung. Müller-Elmaus erster Kunde war eine Opernagentur, bei der es darum ging, mit Hilfe der Software Künstler, Qualifikationen, Aufführungsorte und

Terminpläne unter einen Hut zu bringen. Das Programm nannte er Fidelio, nach Beethovens einziger Oper. Dort ist Freiheit das Oberthema.

Doch das löste seine Geldprobleme nicht. Über Umwege wurde er darauf angesprochen, dass zwei Spitzenhoteliers im Schwarzwald, Heiner Finkbeiner und Hermann Bareiss, eine Computer-Lösung für ihre Gästekartei suchten. Doch Müller-Elmau ließ ausrichten, er sei grundsätzlich an Hotels nicht interessiert. „Ich wollte nichts damit zu tun haben." Doch als Finkbeiner 10.000 D-Mark für das Programm bot, wurde Müller-Elmau hellhörig. „Eigentlich wollte ich nur das Geld, denn ich wusste, dass Hotels dauernd Änderungen wünschen, aber dafür nichts bezahlen möchten."

In der Not kam ihm eine zündende Idee. Er programmierte die Software so, dass die Kunden sie selbst an neue, individuelle Bedürfnisse anpassen können. „Der Gedanke war, ich liefere das Programm, die Kunden können alles selber machen." Das funktionierte, und so gründete er 1987 zusammen mit seinem Geschäftspartner, dem Anwalt Dietrich von Boetticher, die Firma Fidelio mit Softwarelösungen für die Hotellerie. „Keiner wusste, was der Name bedeutet, aber es war eine Story dahinter." Später nannte Müller-Elmau das weiterentwickelte Programm Opera. Der Erfolg sprach sich herum, und so wurden Schweizer Hoteliers auf ihn aufmerksam, die mit einer Delegation von dreißig Leuten in der Traube Tonbach in Baiersbronn anrückten. „Die konnten es nicht fassen. Die Möglichkeit der Individualisierung des Programms war der wichtigste Punkt."

Eine Wette auf die Zukunft

Auf einer Verbandstagung der Hotellerie in Bern stellte Müller-Elmau sein Programm Guest Base vor. Es war eine Start-up-Präsentation im Jahr 1987. Mehr als die Idee konnte er nicht zeigen. Befürworter sahen dennoch darin das System der Zukunft, Skeptiker warfen ihm dagegen vor, er habe außer einem Entwurf nichts vorzuweisen. Doch das Zürcher Hotel Eden au Lac und die Interhome AG signalisierten großes Interesse. Müller-Elmau schildert das Angebot so: Wenn er es schafft, innerhalb von vier Monaten ein funktionierendes Gästeprogramm zu installieren, bekommt er 200.000 Franken. Wenn es nicht gelingt, muss er 200.000 Franken zahlen.

„Bist du irre?", fragte sein Geschäftspartner von Boetticher, als er das hörte. Doch Müller war dem Risiko gegenüber nicht abgeneigt, quartierte sich für vier Monate im Luxushotel am Zürcher See ein und jonglierte mit Bits und Bites. Am 8. April 1988 ging das System live, und damit begann die Digitalisierung in der Hotellerie. Während heutzutage Daten in der Cloud überall verfügbar sind, mussten sie damals auf Disketten gespeichert und mit Kurier verschickt werden. Die ersten Monate waren hart, Kunden zahlten nicht pünktlich, die Finanzierung des Wachstums war ungeklärt. Da machte er einen weiteren wichtigen Schachzug: Er verkaufte die Software nicht einfach, sondern verlangte mit verpflichtenden Serviceverträgen eine monatliche Wartungs- und Weiterentwicklungsgebühr und sicherte sich damit laufende Einnahmen.

Dann setzte sich Müller-Elmau in den Kopf, die Nummer Eins auf dem Weltmarkt zu werden. Auf einer Computermesse in Las Vegas gelang es ihm, den Chefentwickler der US-Softwarefirma Nantucket, die einen kommerziellen Compiler für dbase von Ashton Tate entwickelt hatte, abzuwerben. Zusammen schafften sie es, das Hotelsystem mit den Telefonanlagen zu verbinden. „Damals waren wir dem Silicon Valley voraus", erklärt Müller-Elmau. „Wir sind mit unseren Laptops gereist und haben überall mobil entwickelt." Der Kundenkreis wuchs um renommierte Namen: Aman Resorts, Peninsula, Marriott, Steigenberger, Mövenpick, Hilton, Sheraton, Four Seasons, Mandarin Oriental. Was mit zwei Häusern im tiefen Schwarzwald begann, verbreitete sich weltweit wie ein Lauffeuer.

Da wurde das Softwarehaus Micros aufmerksam und stieg 1993 mit zehn Prozent ein. Ende 1995 verkaufte Müller-Elmau sein Unternehmen für 55 Millionen D-Mark komplett an die US-Firma. Damals hatte Fidelio rund vierhundert Beschäftigte, machte 100 Millionen D-Mark Jahresumsatz mit etwa 10.000 Kunden und betrieb 40 Büros weltweit. Müller-Elmau sollte Chef bleiben, stieg aber nach zwei Monaten aus. „Ich war froh, dass ich draußen war", sagt er. „Zugleich war es auch die größte Dummheit, die ich jemals begangen habe. Ich hätte ein Aktienpaket behalten sollen." Denn 2014 übernahm der Softwareriese Oracle für rund 5,5 Milliarden US-Dollar Micros Systems.

Rückkehr in den Krieg

Der Verkauf von Fidelio war sein erneuter Ausstiegsversuch aus der Hotellerie. Nun kam endlich die Zeit für das Philosophie-Studium – dachte Müller-Elmau jedenfalls. Aber dann bat ihn sein Vater um den Einstieg in den

Betrieb, und so kehrte er als Pächter von Schloss Elmau zurück. Sein Philosophie-Studium konnte er dabei privat fortführen, indem er mehrmals pro Jahr international renommierte Professoren zu Symposien über Fragen zum Verhältnis von Religion und Politik einlud. Seine dabei gewonnenen Erkenntnisse veröffentliche er 2015 in einem Buch über die Abgründe deutscher Zivilisationskritik.

Eine der ersten Aktionen des Rückkehrers im Schloss war, dass er die großen Gemeinschaftstische zersägte und Jazzmusiker ins Haus holte. Stammgäste schäumten vor Wut und kehrten Schloss Elmau den Rücken. „Es war Krieg, der totale Krieg", erinnert sich Müller-Elmau. Auch der Humorist Loriot, der im Zimmer 219 unzählige Sketche geschrieben hatte, fand die Modernisierung zunächst nicht so lustig. Doch Unterstützer des Umbruchs meinten: „Wenn die, die jetzt gehen, nie wieder kommen, dann wird es ein Erfolg." Erbstreitigkeiten flammten auf wie das Feuer von Heckenschützen, jahrelange Gerichtsprozesse folgten. Die Situation wurde immer unerträglicher. Da gab es in den frühen Morgenstunden des 7. August 2005 einen verheerenden Brand. 70 Prozent des Schlosses lösten sich in Rauchgas und Asche auf, es entstand ein Millionenschaden. Auslöser war eine defekte Heizdecke.

Als viele Müller-Elmau wegen des vernichteten Lebenswerks der Familie bedauerten, schöpfte dieser neue Hoffnung. „Der Brand war ein Glücksfall, weil niemandem etwas passiert ist und dadurch die Chance entstand, etwas völlig Neues zu entwickeln. Wenn der Brand nicht gewesen wäre, wäre ich nicht mehr hier." Wegen des Kapitalbedarfs und der zähen Verhandlungen mit der Versicherung übernahm Müller-Elmau die Mehrheit der Anteile aus der zerrütteten Eigentümergesellschaft und konnte nun frei handeln.

2007 wurde das neu aufgebaute Schloss wiedereröffnet. Viele Böden sind mit einheimischem Solnhofener Plattenkalk belegt, in dem Millionen Jahre alten Versteinerungen von Fossilien eingeschlossen sind. Dazu kommen Vorhänge aus thailändischer Rohseide, Leinen aus Indien mit aufgedruckten Elefanten aus einem Londoner Kolonialwarenladen. Das Design spiegelt Gegensätze, Internationalität und Herkunft – wieder ein Sowohl-als-auch. Für das Spa konzipierte er getrennte Bereiche sowohl für ruhesuchende Erwachsene als auch für entspannte Eltern, sodass er selbst auch Gefallen daran finden könnte. Doch er ist kein Wellness-Fan. „Ich mag die Gleichmacherei durch einfarbige Bademäntel nicht, für mich ist es ein Horror." Deshalb können Gäste von Schloss Elmau die Farbe ihres Bademantels frei wählen. Sein Spa hat er bis heute trotzdem noch nicht selbst besucht.

Was blieb, war das aufwendige Kulturprogramm, allerdings mit völlig anderen Inhalten als zu Großvaters Zeiten. Er entwickelte das Schloss zum Luxury Spa Retreat & Cultural Hideaway. „Mit englischen Bezeichnungen kann man so schön provozieren", erklärt er diese Wortschöpfung. Zur Zielgruppe gehörten fortan auch Familien, an manchen Tagen sind ein Drittel der Gäste Kinder. Da beim Wiederaufbau des Schlosses die Zahl der Zimmer halbiert wurde, baute Müller-Elmau das Retreat hinzu. „Es war notwendig, um die dem Konzertsaal angemessene

Zimmeranzahl wieder herzustellen und international wettbewerbsfähig zu bleiben.“ Umweltschützer warfen ihm Naturzerstörung vor, obwohl nach seiner Ansicht überhaupt nichts zerstört wurde.

Ein Traum geht in Erfüllung

Müller-Elmau hat den Anspruch, gesellschaftspolitische Denkanstöße zu geben. Er verweist auf ein Schloss Elmau Symposium aus dem Jahr 1998, das Impulse in der Diskussion um eine Green Card für Einwanderer gegeben habe. „Viele glauben, dass es eine Globalisierung ohne Migration geben kann. Das ist aber nicht möglich.“ Im Juni 2015 ging sein Traum in Erfüllung, als die Regierungschefs der sieben wichtigsten Wirtschaftsnationen im Schloss zum Spitzentreffen zusammenkamen. „Ein G7-Gipfel bedeutet die maximale Erwartungshaltung, die man an ein Hotel richten kann. Der Druck ist gigantisch“, erklärt Müller-Elmau. „Flexibilität und Improvisationskunst werden maximal gefordert. Nach Aussage von Kanzlerin Merkel, US-Präsident Obama und der anderen Staats- und Regierungschefs sowie ihren Beratern war es in jeder Hinsicht der beste Gipfel aller Zeiten.“

Obwohl es sein Traum war, ließ sich Müller-Elmau ein Weilchen bitten. „Ich habe mich nicht beworben, sondern die ersten vagen Anfragen abgelehnt. Nach einigen Gesprächen hörte ich monatelang nichts mehr, bis ich Anfang 2014 einen Anruf bekam, ich solle mir die Pressekonferenz von Frau Merkel im Fernsehen anschauen. Dort sagte sie beiläufig, der G7-Gipfel finde im Schloss Elmau statt.“ Das Hotel wurde für drei Wochen geschlossen. „Die Sicherheitsüberprüfungen hätten wir unseren Gästen nicht zumuten können. Jedes Buch wurde durchgeblättert und jedes Blatt im Wald umgedreht." Obama wohnte im Wettersteinflügel des Schlosses, Merkel in der Suite 731 im Retreat mit Blick auf das Bergmassiv, getagt wurde im Yoga-Pavillon im ersten Stock.

Insbesondere von Angela Merkel ist Müller-Elmau beeindruckt. „Sie ist der offenste Mensch, der mir je begegnet ist." Gern erzählt er die Anekdote, wie das Essen für den Gipfel zustande kam. Er habe Merkel berichtet, dass er acht Jahre gebraucht habe, um fünf thailändischer Köche einzustellen, da diese nur in Thai-Küchen arbeiten dürften, aber normalerweise keine Erlaubnis für andere Restaurants bekämen. „Mit solchen Regeln handelt Deutschland gegen seine eigenen Interessen", betont Müller-Elmau. Da Merkel Thai-Gerichte liebt, habe das Bundeskanzleramt die Tom Ka Gai-Suppe auf den Menüplan gesetzt. „Das war ein Bruch mit der Tradition. Vor der einheimischen Tegernsee-Forelle wurde eine südostasiatische Suppe serviert. Ein Signal der Weltoffenheit, das jeder verstand", erzählt Müller-Elmau sichtlich stolz.

Ein gescheitertes Leben

„DME", wie Dietmar Müller-Elmau genannt wird, ist immer für Überraschungen gut. Einmal verwies er in einem Vortrag auf den großen Nachteil der Lage von Schloss Elmau. Zur Erklärung trug er dann vor: „Die Lage verleitet dazu, sich nicht anzustrengen. Natürlich haben wir eine tolle Lage, aber sie ist nicht alles. Sie schafft eine Erwartungshaltung. Die Ansprüche sind extrem hoch. Je besser

Sie werden, desto dünner wird die Luft." Perfektion ist aus seiner Sicht nur mit festem Willen zu erreichen. „Es braucht eine gewisse Gelassenheit und Distanz, auch das Unvollkommene als Teil des Vollkommenen zu sehen. Ich sage Gästen, die sich über Kleinigkeiten beschweren, das absolut perfekte Hotel wäre unerträglich, weil sie sich dann nur noch mit ihrer eigenen Unvollkommenheit beschäftigen könnten."

In das Retreat mit 47 Suiten, Restaurants, Lounges, Spa und Yoga-Pavillon investierte er 44 Millionen Euro. Der Durchschnittspreis dort beträgt 830 Euro bei einer Auslastung von 65 bis 70 Prozent. „Es ist die mit Abstand höchste Rate in Deutschland", freut sich Müller-Elmau. „Niemand hatte das ohne Gäste aus Russland und dem Nahen Osten für möglich gehalten. Das Retreat eröffnet den Gästen eine weitere Dimension von Großzügigkeit, Geborgenheit und Freiheit." Insgesamt betrugen die Investitionen ins Schloss etwa 100 Millionen Euro. 2016 erzielte das Resort mit 162 Zimmern einen Umsatz von 30,7 Millionen Euro. Das war etwas weniger als im Jahr davor mit G7-Gipfel und der sechswöchigen Präsentation der neuen 7er-Reihe von BMW. Inzwischen befasst sich erstmals ein Controller mit der Optimierung des Zeitmanagements und der Produktivität.

Seinen Antrieb beschrieb er einmal wie folgt: „Ich wollte weder Fidelio gründen, noch verkaufen, noch Schloss Elmau übernehmen. Ich möchte am liebsten immer wieder etwas Neues schaffen, es bis ins Detail perfektionieren und mich dann überflüssig machen." So bleibt die Frage, was der Vater von sechs Kindern als Nächstes plant. Sein neuestes Projekt liegt nicht auf der Alm in 1.000 Metern Höhe, sondern in der Hauptstadt. In Berlin hat er gerade in Kreuzberg SO 36 am Oranienplatz zusammen mit seinem Partner von Boetticher ein Hotel eröffnet. „Wenn das gut läuft kann ich mir vorstellen, dass das auch in New York und Tokio klappt und sich daraus eine kleine Perlenkette entwickeln könnte."

Auch ein philosophisch-geschichtliches Buch steht auf seiner To-do-Liste. Gerne würde er öfter internationale Think Tanks veranstalten und mehr Einfluss auf die Politik nehmen, sodass Deutschland seine Offenheit für Einwanderer zu einem entscheidenden wirtschaftlichen Vorteil ausbauen könnte. Ihm schweben multinational besetzte Firmen wie im Silicon Valley vor, mit den derzeitigen Bürokratieblockaden geht das jedoch nicht.

Sein Verhältnis zum Beherbergungsgewerbe bleibt kompliziert. „Ich habe mich nicht damit abgefunden, Hotelier zu sein", bilanziert er. „Ich wollte nie in die Hotellerie. Gemessen an meinem Anspruch bin ich total gescheitert."

CHRISTINA BLOCK

Gelassenheit und Geduld

Wie ist es, als Tochter des Steakhauskönigs Eugen Block in Hamburg ein eigenes Gastronomieunternehmen zu gründen? Christina Block schaffte es jedenfalls. Sie ging mit viel Mut und Elan an die Arbeit, bis sie an einen Wendepunkt kam.

Christina Block und Jim Block sind derselbe Jahrgang. Als Christina 1973 als ältestes Kind der Familie geboren wurde, startete Vater Eugen Block gerade die Burgerkette Jim Block. Schon fünf Jahre zuvor hatte er als Pionier der Systemgastronomie in Deutschland die Steak-Restaurants Block House gegründet. Die Marke gehört zur DNA des Hamburger Familienunternehmens.

Christina und ihre beiden jüngeren Brüder Dirk und Philipp bekamen die Firmenereignisse beim Frühstück und Abendessen zu Hause im Alstertal serviert. „Das Unternehmen sitzt immer mit am Tisch", erinnert sich Christina Block. „Mein Vater hat viel vom Unternehmen berichtet und versucht, uns daran teilhaben zu lassen. Für uns war das aufregend und interessant." So wie die Kinder langsam groß wurden, wuchs die Block Gruppe zu einer großen Gesellschaft heran, bestehend aus Restaurants, Hotellerie und Lebensmittelproduktion. Heutzutage führt die Holding insgesamt 17 Firmen mit rund 2.400 Mitarbeitern und einem Jahresumsatz von rund 368 Millionen Euro.

In ihrer Kindheit dauerte Weihnachten stets mehrere Wochen. Ab Mitte November besuchten ihre Eltern jedes Block House zu den Weihnachtsfeiern. Auch an den Wochenenden traf sich die Familie fast immer zum Mittagessen in einem der Steakhäuser. Eugen Block spielte zu dieser Zeit noch aktiv Fußball beim Alt-Herren-Team des HSV und nahm zu den Spielen die Kinder oft mit, Mutter Christa hielt die Familie zusammen. Das Block House gehörte immer dazu.

Die Familie ist katholisch geprägt. In Christinas Kindheit war der Kirchgang Pflicht, zu Hause wurden Bescheidenheit und Bodenständigkeit gepredigt. Sie ging auf eine katholische Grundschule und besuchte danach das Sophie-Barat-Gymnasium, eines der drei katholischen Gymnasien in Hamburg. Es liegt im Stadtteil Pöseldorf zwischen den Ruderclubs der Außenalster und dem Park Moorweide. Strahlend weiße klassizistische Villen prägen die Gegend. 1985 eröffnete Eugen Block das Hotel Grand Elysée am Rothenbaum, nur ein paar Hundert Meter von der Schule entfernt.

Intuitiv erzählte sie im Freundeskreis nur wenig aus der erfolgreichen Unternehmerfamilie, um keine Aufmerksamkeit zu erregen. Sie ging in diesem Belangen behutsam vor. Wenn nach dem Vater gefragt wurde, sagte sie nur, er sei Hoteldirektor. 1992 machte sie das Abitur, manche Mitschüler erfuhren erst danach, mit wem sie die Schulbank gedrückt hatten.

Je mehr das Unternehmen gedieh, desto stärker rückte die Familie in den Blickpunkt des öffentlichen Interesses. Schon früh lernte Christina Block, dass mit dem prominenten Nachnamen stets auch Verpflichtungen verbunden sind und, dass ihrem Leben bisweilen mehr Aufmerksamkeit zuteil wird, als sie sich wünscht. Sie spürte die Nuancen im Umgang mit ihr. Wer mit ihr angeben wollte, stellte sie als Christina Block vor, während die anderen Freunde nur beim Vornamen genannt wurden. „Ich lernte, damit umzugehen", sagt sie rückblickend.

In der Hitze der Küche

Im Alter von 16 Jahren machte Christina Block ein Schülerpraktikum im Airport Hotel Hamburg. „Hotel sollte genauso Teil meines Lebens werden wie bei meinem Vater“, erzählt sie. „Mir war klar, dass ich nach dem Abi eine Ausbildung im Hotel machen würde.“ Das war ungewöhnlich, die Lehrer versuchten, sie von einem Studium zu überzeugen. Das fand sie nicht gut. Noch heute wünscht sie sich, dass das im Ausland sehr wertgeschätzte deutsche duale Ausbildungssystem auch hierzulande besser anerkannt würde.

Auch ihr Vater versuchte, sie vor der „vielen Arbeit an Feiertagen und nachts“ zu schützen. „Aber ich wollte das unbedingt. Ich wollte in einer anderen Stadt meine Ausbildung machen und hatte meinen eigenen Kopf.“ Christina Block ließ sich nicht reinreden und bewarb sich auf eigene Faust in München beim Bayerischen Hof und im Hotel Vier Jahreszeiten für die Ausbildung zur Hotelfachfrau. Gleich beim ersten Gespräch im Bayerischen Hof erhielt sie 1992 eine Zusage.

In der zweieinhalbjährigen Ausbildung erlebte sie die Zweischneidigkeit ihres Namens. Als ihre Herkunft bei den Kollegen die Runde machte, musste sie als „Tochter aus besserem Hause“ auch mal ein paar Zimmer extra sauber machen oder Bäder putzen, statt Teppiche zu saugen, erzählt Christina Block. Im Kopf klingt ihr noch der strenge Ruf „Frollein Block!“ ihrer Chefs nach, und der Tadel: „Das muss ich einer wie Ihnen doch nicht erklären." Gefallen fand sie jedoch an der Urlaubsvertretung in der Blumenabteilung. Dort schnupperte sie nicht nur an Rosen und Lilien, sondern auch an Freiheit und Verantwortung. Sie konnte auf einmal vieles alleine entscheiden. „Das wollte ich wieder haben", erinnert sie sich. So keimten erste Gedanken auf, sich einmal selbstständig zu machen.

Ihr härtester Ausbildungsabschnitt begann 1995 bei einem neunmonatigen unbezahlten Kochpraktikum in Paris im damaligen 3-Sterne-Restaurant Jules Verne auf dem Eiffelturm. Ihr Vater hatte ihr geraten, sich für eine vollständigere Hotel-Ausbildung mehr Kompetenz in der Küche anzueignen. „Es war eine absolute Männerdomäne, wir arbeiteten zu zwölft auf engstem Raum ohne Klimaanlage. Es war so heiß, dass sich die Butter von alleine klärte", beschreibt Christina Block die Atmosphäre in der zweiten Etage des Wahrzeichens der französischen Hauptstadt auf 155 Metern Höhe. Mehrere Wochen lang musste sie täglich 40 Kilo Krebsfleisch auspulen. Abends im Bett zählte sie die Stunden bis zum Arbeitsbeginn. „Ich wollte jeden Tag aufhören, aber das kam für mich nicht in Frage."

Während dieser Zeit lebte sie bei einer Familie im siebten Stock ohne Aufzug. Das Bad lag in einem anderen Gebäude. Wenn die Familie mit ihren Kindern fertig mit dem Waschen war, konnte Christina Block über den Hof ins Bad gehen. „Ich bin sehr stolz, dass ich das durchgehalten habe", resümiert sie. „Für die Zeit im Jules Verne habe ich später viel Achtung erfahren."

Die Frau, die viel lacht

Nach dem streng getakteten Küchenleben wollte sie die Freiheit Amerikas erleben und lernte wieder eine andere Facette der Hotellerie kennen. 1996 ging sie nach Atlanta und arbeitete als Trainee am Empfang im 169 Meter hohen Hotelturm Marriott Marquis mit 1.675 Zimmern.

Christina Block kam kurz vor Beginn der Olympischen Sommerspiele dort an und traf auf eine euphorische Stimmung. Die Hotels brummten. Bewegend war vor allem, dass die an Parkinson erkrankte Box-Legende Muhammad Ali das olympische Feuer entzündete. US-Präsident Bill Clinton eröffnete die Spiele am 19. Juli 1996. US-Sprintstar Michael Johnson lief die 200 Meter-Strecke in der Weltrekordzeit von 19,32 Sekunden, die erst später von Usain Bolt unterboten wurde. Im Dressurreiten holte Isabell Werth für Deutschland Einzel- und Mannschafts-Gold.

Von all dem bekam Christina Block jedoch wenig mit. „Wir haben unendlich viel gearbeitet. Für Überstunden gab es aber auch gutes Geld." Als der stellvertretende Direktor eine neue Assistenz suchte, sagte er: „Ich will die, die so viel lacht." Da bekam sie den Job.

1997 belegte sie einen Sommerkurs an der Cornell University zum Thema Multi Unit Restaurant Management. Dort war Christina Block vom Systemgastronomie-Guru Prof. Christopher C. Muller begeistert. „Eine neue Welt tat sich auf." Als sie dort von 30-jährigen Zyklen in der

Branche hörte, rief sie noch in der Nacht ihren Vater an und riet ihm, er solle lieber aufhören, da die Block House Kette gerade 29 Jahre alt war und sie deshalb Gefahren sah. „Für ihn war der Gedanke neu, dass ihm jemand sagte, er solle kürzer treten."

Rückblickend sagt Block, sie habe bei ihren Ausbildungsstationen nie auf ihren Lebenslauf geachtet, sondern habe immer möglichst viel lernen wollen. Ihre Devise war, die Fehler lieber vor Beginn der eigenen Selbstständigkeit zu machen. So sei sie in den USA auch schon mal angeeckt. Einmal setzte sie sich entgegen der herrschenden Linie für zwei Mitarbeiter ein. „Da wurde ich in ein Schnellrestaurant strafversetzt." Fortan servierte sie mit Schürze Frühstück in Chattanooga am Ufer des Tennessee River.

Danach wollte sie die Aufbruchstimmung in Asien kennenlernen und wechselte 1998 als Assistent Food & Beverage Manager nach Peking. Dort stand die Eröffnung des Marriott Courtyard bevor. „Es war das erste Projekt von Marriott in China." Peking war grau und eisig kalt. Sie war die einzige Frau aus dem Westen. „An den großen Fenstern in der Lobby drückten sich die Leute ihre Nasen platt, weil sie so jemanden noch nie gesehen hatten."

Christina Blocks Speiseplan wurde exotisch. „Ich habe Schlange und Ameisen gegessen, da es landestypische Speisen sind, die angeblich schön machen sollen", erzählt sie. Während ihrer Wanderjahre sammelte sie Anregungen für ihre Selbstständigkeit, aber es war klar, dass Insekten- und Reptilienmenüs nicht zu ihrem künftigen

Geschäftsmodell gehören werden. Im Nachhinein sagt sie selbstkritisch: „Ich habe viele Fehler gemacht." So orderte sie japanische statt chinesische Ess-Stäbchen, besorgte jede Menge grüne Baseball-Kappen. Das war die falsche Farbe. „Wenn ein Mann eine grüne Kappe trägt, heißt das in China, dass ihn seine Frau betrügt", erklärt Christina Block. Schließlich versuchte sie, den Mitarbeitern im Service den Satz beizubringen: Mein Name ist soundso und ich bin heute Ihre Kellnerin. Durch einen Übersetzungsfehler wurde aus Kellnerin allerdings Sklavin, und die Schulung schlug fehl.

Nach einem knappen Jahr schaffte sie die Aufnahmeprüfung für das MBA-Studium auf der Edinburgh Business School in Schottland, wo sie das Examen mit Auszeichnung bestand. Während dieser Zeit erarbeitete sie mit dem Thema Home Meal Replacement ein erstes Konzept für ihre Selbstständigkeit.

Lehrjahre in der Selbstständigkeit

In den USA und in Großbritannien sah sie erfolgreiche italienische Sandwich-Bistros. Nach ihrer Rückkehr wollte sie es ähnlich machen wie ihr Vater, der mehr als 30 Jahre zuvor die Steakhaus-Idee über den großen Teich nach Deutschland gebracht hatte. Wegen der Bekanntheit ihrer Familie in Hamburg dachte sie zunächst daran, ihre Bistros in Berlin zu starten. Weil die Kaufkraft zu gering war, entschied sie sich doch für die Hansestadt. Dort stand die Tochter des Steakhauskönigs unter Beobachtung. Sie arbeitete wie besessen ein Jahr am Businessplan, recherchierte in Italien, legte Rezepturen fest und prüfte mit einem Personenzähler in der Hand, ob es genügend Laufkundschaft für bestimmte Standorte gibt.

Schließlich schaffte sie die Finanzierung ohne ihren Vater und eröffnete am 5. April 2001 ihre erste Prima Pane Filiale. Im Angebot hatte sie etwa Ciabatta Mozzarella gegrillt, Säfte, Kaffee, Desserts, später auch Chicken Curry Wrap und Pasta. „Es war sozusagen mein erstes Baby", schildert sie ihre Erfahrung. Jedenfalls war es ähnlich anstrengend. Sie war morgens die Erste, abends die Letzte im Laden.

„Das waren auch Lehrjahre. Es ging nicht gleich durch die Decke ab, wie ich mir das gewünscht hatte. Jeder Tag war ein Kampf mit harter körperlicher Arbeit." Eiserne Disziplin war gefragt. Sie beobachtete Leute, die an der Tür vorbeigingen, und dachte, sie kämen deshalb nicht herein, weil sie einen Fehler gemacht hatte. „Ich hinterfragte das Konzept ständig und justierte es neu."

Noch im ersten Jahr kam ein zweiter Standort hinzu. Prima Pane stellte sich immer mehr als Mittagskonzept heraus, bei dem das Geschäft innerhalb von drei Stunden gemacht werden musste. In diesem Zeitraum kamen 300 Kunden für das schnelle Essen. Sie erinnert sich an Kälteanlagenausfälle, bei denen sie 40 Kilo geschmolzene Butter vom Boden aufwischen musste, an Mitarbeiter, die morgens um 5.30 Uhr anriefen und wegen Krankheit absagten. Die andere Seite war das großartige Gefühl der Selbstständigkeit. Keiner redete ihr rein. „Ich konnte gestalten, anpacken und alles selbst entscheiden, hatte ein unendliches Maß an Freiheit."

Ein Angebot von Eugen Block

Nachdem sie im August 2005 geheiratet hatte, bekam sie zwischen 2006 und 2013 ihre vier Kinder Johanna, Greta, Klara und Theodor. Stets arbeitete sie bis zum letzten Tag der Schwangerschaft, ihre Kinder stillte sie oft im Büro in einem ihrer Läden. Eine Vorschullehrerin sagte einmal zu ihr: Ihre Kinder haben verstanden, dass das Glück der Mutter wichtig ist. „Ich bin ja nicht nur Mutter, sondern habe auch einen anderen Teil, der zu meinem Leben gehört“, sagt Christina Block.

Schließlich kam ihr Vater 2011 überraschend auf sie und ihre Brüder zu und fragte, ob sie in der Block Gruppe aktiv sein wollen. „Es war klar, dass wir zur Verfügung stehen, wenn der Vater uns ruft. Da haben wir nicht lange drüber nachgedacht. In meinem Herzen steht die Block-Gruppe als Unternehmen immer vor allen anderen Aktivitäten.“ Im Sommer 2011 erhielten die drei Kinder jeweils acht Prozent des Unternehmens.

Zu dem Zeitpunkt hatte Christina Block drei Prima-Pane-Standorte mit neun Mitarbeitern. Der Zeitaufwand für ihre neue Aufgabe im Beirat der Eugen Block Holding war nicht genau einzuschätzen. „Für mich war klar, wenn ich mein Unternehmen weiterführe, dann brauche ich viel Engagement für meine sehr hohen Qualitätsansprüche. Ich wollte den guten Ruf, den ich mir selbst erarbeitet hatte, nicht riskieren.“ Die zentrale Frage lautete: „Mache ich das weiter oder gebe ich meine Selbstständigkeit dafür auf?“

Nach einigem Nachdenken kam der ***Tag der Entscheidung.*** „Ich habe mein eigenes Unternehmen für diese Nachfolge aufgegeben. Das tat mir in der Seele weh. Ich kann den langen Loslassprozess meines Vaters durchaus nachvollziehen." So kündigte sie die Mietverträge nach zehn Jahren und gab ihre Selbstständigkeit auf. Eine Woche vorab erzählte sie ihren Gästen davon, es gab sogar einen kleinen Sitzstreik, einige Mitarbeiter kamen in den letzten Tagen nicht mehr, und so endete es, wie es angefangen hatte. Selbstständige Arbeit bedeutete wieder, selbst ständig zu arbeiten. Eine fremde Führung kam für sie nicht in Frage. Sie ließ die Einrichtungen rausreißen, behielt aber noch das Bistro, das als Mitarbeiterkantine in der Berenberg Privatbank dient.

Inzwischen ist Christina Block sicher: „Es war die richtige Entscheidung. Es geht darum, das Erbe unseres Vaters weiterzuführen." Allerdings ist es mit der ganz großen unternehmerischen Freiheit vorbei. „Ich muss auf viele andere Menschen Rücksicht nehmen, bin nicht mehr alleine Unternehmerin, gestalte nicht mehr selbst." Jetzt geht es darum, gute Ideen zu entwickeln, die Gremien davon zu überzeugen und die Pläne von anderen umsetzen zu lassen.

Hotel mit Herzblut

Die Diskussionen in der Familie Block über Strategie, Gestaltung und Privates gehören zu den öffentlichen Angelegenheiten in der ganzen Stadt. Boulevardmedien ziehen Parallelen zu Fernsehserien. „Wir sind dadurch daran gewöhnt, und wissen was es bedeutet, im Mittelpunkt zu stehen", sagt Christina Block. Das musste sie auch bei der Scheidung von ihrem Ehemann erfahren, über die groß berichtet wurde. Das Privatleben ist relativ. „Ich finde es schade, dass Negativ-Schlagzeilen lieber geschrieben werden als gute Sachen", kritisiert sie.

Es gab Zeiten, da verkündete Eugen Block in Interviews und auf der Bühne im Detail die Nachfolgeregelung im Unternehmen. Dann kam wieder alles anders. So stellte er schon 2007 Sohn Dirk als seinen Nachfolger vor. Später musste dieser aber wieder abtreten. Er machte sich daraufhin selbstständig und hat nun mit der Lizenz in Norddeutschland für die L'Osteria und dem Hähnchengrill Soho Chicken Urban Restaurant & Bar Erfolg.

Christina Block soll Botschafterin für das Hotel Grand Elysée Hamburg werden. Es ist mit 511 Zimmern und rund 160.000 Übernachtungen im Jahr das größte privat geführte Grand Hotel in Deutschland. Dabei handelt es sich jedoch um in Stein und Marmor umgewandeltes Herzblut ihres Vaters. Das Hotel hat in den mehr als 30 Jahren seines Bestehens 17 Hoteldirektoren verschlungen. Auch mit über 76 Jahren macht Eugen Block jeden Tag seinen Rundgang durch das Haus, und er hat genaue Vorstellungen bis ins Detail. „Viele Gäste spüren die Seele unserer Familie", sagt Christina Block. „Ich freue mich, dass ich das eines Tages gemeinsam mit meinen Brüdern von meinem Vater übernehme." Bis dahin sind Kompromisse nötig.

Nach längerer Renovierung wurden 2017 alle Zimmer auf den neuesten Stand gebracht. „Du brauchst das nicht noch mal zu machen“, sagt ihr Vater und will sie damit in Schutz nehmen. Immer wieder dringen Auseinandersetzungen über Teppiche (von Eugen Block ausgesucht, von Christina Block nicht unbedingt geliebt), Kerzen (Christina Block mag das Licht, Eugen Block nehmen sie die Luft zum Atmen) oder Beleuchtung (der Vater tauschte die von der Tochter ausgesuchten Lampen aus) an die Öffentlichkeit.

Christina Block lacht bei diesen Geschichten und sagt: „Wir reiben uns ab und an in der Familie, das ist völlig normal. Wir ringen halt immer um das bestmögliche Ergebnis. Deshalb kennt jeder die Themen Lampen, Teppiche und Kerzen. Am Ende des Tages ist es das Unternehmen unseres Vaters, und er hat alles Recht der Welt, das so zu machen, wie er es will.“ Im März 2016 gab sie den stellvertretenden Aufsichtsrats-Vorsitz der Elysée AG wieder ab, besucht als Gesellschafterin aber weiterhin jede Sitzung. 2018 stehen mit der Erneuerung des Wellness-Bereichs und der Neugestaltung der Lobby erneut Millionen-Investitionen an.

Inzwischen hat Eugen Block die Anteile der Kinder auf jeweils 16 Prozent verdoppelt, zusammen kommen sie nun auf 48 Prozent. Mehrheitsgesellschafter bleibt Eugen Block, er sitzt aber nicht im Aufsichtsrat. Das operative Geschäft wird bewusst Managern von außerhalb der Familie überlassen.

Aufsichtsrat und Englischklausuren

Christina Block äußert sich mit viel Verständnis über die Entwicklung. „Mein Vater hat dieses Unternehmen geboren, so wie ich mein Unternehmen geboren habe. Als Frau und als Mutter lernen wir eher, etwas früher abzugeben. Denn ich konnte und wollte mit meinen Kindern nicht so weiterarbeiten, wie es ein Mann vielleicht getan hätte. Ein Mann kann sich leichter voll auf das Unternehmen konzentrieren und hat dann später eventuell größere Probleme, sich zu lösen."

Bei der Gestaltung des Restaurants Theo's ist aus Sicht von Christina Block letztlich eine gute Zusammenarbeit mit ihrem Vater gelungen – mit Deckenfries und ein paar Kerzen. Damit haben die Blocks die Flächen im Grand Elysée optimiert: Aus dem Frühstücksraum wird jeden Nachmittag mit Hilfe einer Faltwand ein exklusives Abendrestaurant gezaubert.

Dort gibt es Dry Aged Prime Beef – also trocken gereiftes Premiumrind – aus der eigenen Block-Fleischerei in Hummelsbüttel, das im Theo's bei 800 Grad in einem Spezialofen zubereitet wird. „Neben Hotelgästen kehren bei uns viele Hamburger Gäste ein. Es ist ein richtiges In-Restaurant geworden. Bei uns kommt das Geld nicht nur die Treppe hinunter, sondern es wird auch im Restaurant verdient", betont sie.

Christina Blocks Leben ist sehr eng getaktet, sie hat immer zehn Dinge gleichzeitig im Kopf: Aufsichtsrat und

Englischarbeiten, Restaurantkonzepte und Geschenke für Kindergeburtstage, Zimmerumbau und Morgengebet am Frühstückstisch. In ihrem Elektro-Nissan fährt sie oft drei Garderoben durch die Stadt von der Sportkleidung zum Joggen über Businesslook bis zum Abendkleid. Eigentlich bräuchte sie ein Wohnmobil. Sie engagiert sich im Beirat des Hotelverbandes IHA, arbeitet im Wirtschaftsrat Hamburg mit und ist im Vorstand des Tourismus-Verbands der Stadt.

Die Macherin gibt gern selbst das Tempo vor und den Ton an, trifft ihre eigenen Entscheidungen. Im Unternehmen ist eher Geduld gefragt, keine leichte Rolle. „Ich muss Gelassenheit lernen", sagt sie. „Die Nachfolge ist ein fortlaufender Prozess, der läuft mal schneller und mal langsamer. Mein Vater bestimmt das Tempo. Der Übergang erfordert Taktgefühl und Sensibilität."

DIETER MÜLLER

Der Erfolg ist Türkis

Dieter Müller hatte bis zu seinem einundzwanzigsten Lebensjahr nichts mit Hotels zu tun. Sein Weg führte ihn von einer Lehre bei BMW zu einem der wichtigsten Hotelunternehmer Deutschlands. Inzwischen hat er Kult-Status erreicht.

Es war eine der spannendsten Hotel-Eröffnungen in Berlin im Jahr 2017: Mit dem neuen Motel One im schmucken, 118 Meter hohen Upper West Turm am Bahnhof Zoo ist CEO Dieter Müller und seinem Team eine echte Überraschung gelungen. Die Budget-Design-Kette betreibt europaweit 62 Hotels mit 17.600 Zimmern. Sie ist eine der wenigen deutschen Hotelfirmen, die international eine gewichtige Rolle spielt.

Das Konzept war viele Jahre lang revolutionär. Es bietet hochwertige Übernachtungsmöglichkeiten mit großem Lounge-Bereich zu Budgetpreisen. Jeder Gast weiß genau, was ihn erwartet. Dieser Vorteil kann manchmal auch ein Nachteil sein. Nun kommt das Upgrade. Das neue Flaggschiff mit 582 Zimmern verteilt sich auf 18 Etagen. Die Bar im 10. Stock hat neben der spektakulären Aussicht auch 41 Sorten Gin im Angebot. Von der riesigen Außenterrasse ist die geschichtsträchtige Gedächtniskirche so nah, dass man fast die Zeiger der Turmuhr mit der Hand stellen kann. Die Gäste sitzen auf Baxter-Sofas, die laut Firmenprospekt Gemütlichkeit, Unterstatement und lässige Eleganz verkörpern. Nebenan steht das 5-Sterne-Hotel Waldorf Astoria, gegenüber liegt das Bikini-Haus mit dem 25hours Hotel und der hippen Monkey Bar.

Ein neuer Höhepunkt im Tag- und Nachtleben der Hauptstadt ist entstanden. Für das Design ist Ehefrau Ursula Schelle-Müller verantwortlich, die Chief Marketing Officer (CMO) im Unternehmen ist. Die Einrichtung spiegelt den Zeitgeist, ist großzügig und detailverliebt. Bilder von Starfotograf Jim Rakete an den Wänden sollen die Filmstadt Berlin ins Hotel holen. Gegenüber liegt der Zoo-Palast, ein Berlinale-Kino, in dem Stars wie Madonna und Jonny Depp bei der Vorstellung ihrer Filme live mit dabei sind. In einem Teil der Hotel-Lounge können die Gäste James-Bond-Streifen mit Kopfhörern anschauen.

Auch Motel One folgt dem Trend, die Bar zum erweiterten Wohnzimmer der örtlichen Bevölkerung zu machen. Die Anpassung an den Lifestyle hat aber Grenzen. „Viele neue Konzepte ähneln sich. Wenn ich ins Hotel komme, empfängt mich ein DJ, dann gehe ich am Billard-Tisch vorbei zum Kiosk", erklärt Müller. „Wir sind aber keine Hippster, bei Motel One wird es keine DJs geben. Wir wollen unser Lounge-Konzept raffinierter machen und die Bar mehr in den Mittelpunkt stellen. Denn wir sehen uns eher als Grandhotel zum Budgetpreis."

Auch in der Technik und im Service rüstet Motel One auf. Neu ist ein digitaler Concierge. Die Gäste können am Bildschirm im Zimmer Zahnputzzeug oder ein Aufladekabel ordern, wenn sie das zu Hause vergessen haben. Innerhalb von 20 Minuten sollen die kleinen Notwendigkeiten gebracht werden. Damit steigt Motel One stärker in die Kommunikation mit dem Gast ein, der in der Regel nur einmal an der Rezeption eincheckt und gleichzeitig bezahlt.

Die Kette hat zweifellos die nächste Stufe erreicht. Doch Dieter Müller ist kein Mann der Superlative: „Es ist eine konsequente Weiterentwicklung unseres Konzepts", sagt er in perfektem Understatement, das zu den Baxter-Möbeln passt. Den Vertrag als Ankermieter mit 25 Jahren Laufzeit hat er schon viele Jahre vor der Eröffnung abgeschlossen, als der Immobilienmarkt noch nicht so überhitzt war. So kann Motel One in bester Lage der City West einen Zimmerpreis von 79 Euro anbieten. Größere Räume mit Aussicht kosten 144 Euro pro Nacht. Nebenan zahlen die Gäste das Doppelte bis Dreifache.

Entscheidung auf der Baustelle

Dieter Müller wurde 1954 in Saarbrücken geboren. Nach dem Zweiten Weltkrieg war das heutige deutsche Bundesland noch ein teilautonomer Staat unter französischem Einfluss. Das Gebiet hatte eine eigene Staatsangehörigkeit, die Währung war der französische Franc, und auf den Straßen fuhren Autos des Typs Renault 4CV statt VW Käfer. Es gab auch eine saarländische Fußball-Nationalmannschaft, die der spätere deutsche Weltmeistertrainer Helmut Schön in Schuss hielt.

Müller erinnert sich an seine Kindheit, als die Wäsche draußen auf der Leine in der damaligen Kohle- und Stahlregion beim Trocknen schwarz wurde. Zur Einschulung zog die Familie in ein eigenes, kleines Haus, und Müller durfte im Möbelwagen zum ersten Schultag fahren. Reisen und Urlaub kamen in seinem Kinderleben nicht vor. „Hotels sind mir damals nicht über den Weg gelaufen", kommentiert Müller. Es wäre vielleicht naheliegend gewesen, wenn er später Waschmittelfabrikant oder Möbelspediteur geworden wäre. Doch nichts deutete darauf hin, dass er einmal einer der einflussreichsten und am strategischsten denkenden Hotelunternehmer Deutschlands werden würde.

Nach der Volksschule begann Müller im Alter von 15 Jahren eine Lehre als Groß- und Außenhandelskaufmann bei BMW in Saarbrücken. Es folgten Abstecher nach Berlin und München. Als er wieder zurückkehrte, gab es nur wenige Arbeitsplätze. Eines Tages hörte er, dass ein französisches Unternehmen in Saarbrücken ein Hotel errichten wolle. Es war der Markteintritt von Accor mit Novotel in Deutschland. „Ich bin dann einfach mal zur Baustelle gegangen", erzählt Müller. Sie lag wenige Hundert Meter von der Grenze entfernt. Dort fragte er nach Arbeit. Er hatte riesiges Glück, denn an jenem Tag im Jahr 1975 war der spätere Deutschlandchef John F. Herminghaus vor Ort. Müller wurde vom Fleck weg zwischen Baggern und Betonmischern als Buchhalter engagiert.

„Die Branche war mir völlig fremd, Novotel hatte ich noch nie gehört", erinnert sich Müller. Der heutige Branchenriese Accor mit weltweit mehr als 4.000 Hotels steckte damals noch in den Kinderschuhen. „Die Ansage war, wir sollten in Deutschland expandieren, die Freiräume waren riesig." Schließlich wurde das Accor-Headoffice in München aufgebaut. Müller war Finanzchef, Herminghaus Geschäftsführer. Dritter im Bunde war Volker Rathe, der spätere Ibis-Chef und Accor-Geschäftsführer. Dabei lernte Müller das Business in all seinen Facetten kennen, von der Grundstücksakquise bis zum fertigen Hotel. Später wurde er Vorstandschef der Accor Gastronomie.

Die Keimzelle des Aufstiegs

Sein Weg in die Selbstständigkeit ging so: „Herminghaus hatte sich mit seinem Chef in Frankreich überworfen", berichtet Müller. „Wir waren inzwischen gut befreundet, und ich wurde nach Paris bestellt, um eine Idee zu finden, wie man einen schönen Abgang hinbekommen kann." Müller machte den abgesprochenen Vorschlag, dass Herminghaus drei nicht gebrandete Hotels aus dem Accor-Bestand übernehmen sollte. Er selbst bekam die Genehmigung, sich daran zu beteiligen, wurde aber verpflichtet, bei Accor zu bleiben. „Es war ein Management-Buy-out. Wir durften in die Verträge einsteigen." So wurden drei ehemalige Accor-Hotels im Achental am Chiemsee, in Bad Kohlgrub bei Oberammergau und in Hirschberg bei Heidelberg zur Keimzelle des kometenhaften Aufstiegs von Dieter Müller.

Herminghaus und Müller gründeten die bis heute bestehende One Hotels & Resorts AG und nannten ihre neue Mini-Kette Astron, griechisch für Stern. „Die Hotels waren nicht sonderlich ertragreich, aber wir schafften den Turnaround." Müller gab dann doch bald seinen Job bei Accor auf. Als viertes Hotel kam ein Haus in Fürth hinzu, dann folgten Hamburg und Unterhaching bei München.

Die Astron-Häuser hatten große Tagungsbereiche und waren im unteren 4-Sterne-Bereich angesiedelt. Anfang der 1990er Jahre schied Herminghaus aus. Dessen Anteile platzierte Müller neu, unter anderem beim SAP-Mitbegründer Dietmar Hopp, den Müller auf dem Golfplatz kennengelernt hatte, sowie bei weiteren Geschäftspartnern und Freuden, die bis heute bei Motel One mit dabei sind. Anfang der 2000er Jahre war Astron zu einer beachtlichen Kette in den deutschen Top Five gediehen, mit 54 Häusern und rund 8.000 Zimmern.

„Astron war ein Produkt, das es schon gab", sagt Müller rückblickend. „Viele ähnliche Angebote waren auf dem Markt, Astron hatte keinen USP, keine Einzigartigkeit. Die finanziellen Ressourcen waren begrenzt. Wir lebten von der Euphorie der Mitarbeiter." 1997 lernte er bei Astron seine spätere Ehefrau Ursula kennen, die in der Zentrale in einer kleinen Villa am S-Bahnhof Unterhaching begann und dann ins Marketing aufrückte.

Vielen hätte dieses Unternehmen für ein ganzes Leben ausgereicht. Doch Müller wollte expandieren, nahm das Ausland ins Visier. Er wägte die Pläne mit Bankern, Beratern und Freunden ab, füllte Tabellen mit Vor- und Nachteilen aus. „Dann kam ich zum Schluss, dass das Risiko zu hoch ist und ich mir es nicht zutraue, die Kette zu internationalisieren." Aber das war nur ein Zwischenstopp.

Denn nebenbei experimentierte Müller zusammen mit Philippe Weyland, einem ehemaligen Mercure-Geschäftsführer, mit einem Budget-Konzept. „Er zeigte mir, wie schlank ein Budget-Hotel organisiert ist." Den neuen Zweig nannte er Motel One. Müller beschreibt den Namen so: „Motel steht für günstig, One für das Beste." Das erste Haus eröffnete er im Jahr 2000 am Stadtrand von Offenbach zwischen einem Autohaus, McDonalds, einem Parkplatz und einem Ibis-Hotel. Am Anfang beschwerten sich einige Gäste, dass sie ihr Fahrzeug im Motel One nicht mit ans Bett nehmen konnten, und in mancher Kommune hieß es, ein Motel komme nicht in die Stadt.

Der Mega-Deal

Es gab damals nur wenig Mitbewerber im günstigen Segment. „Große Ketten haben das Thema nicht gespielt. Der Markt war damals anders. Firmen waren hierarchisch organisiert." Nur Handwerker schliefen Low Budget, die Kaufleute gingen ins Novotel und die Geschäftsführer in den 5-Sterne-Bereich. Inzwischen hat sich dieses Kastendenken aufgelöst. Auch Vorstände großer Unternehmen finden es heutzutage schick, ab und zu im Motel One zu schlafen. Müller selbst hat mit seinem Konzept Kult-Status erreicht.

„Damals war ich noch nicht überzeugt, dass Motel One einmal etwas Tolles wird", erinnert er sich. „Wir waren eher wie Etap positioniert, hatten Häuser in Randlagen von Schweinfurt und Hannover. Der Erfolg war nicht absehbar." Zur Debatte stand auch, daraus eine Zweitmarke von Astron zu machen. Doch ein Branchenguru riet ab, weil dadurch die anderen 4-Sterne-Häuser herabgezogen würden. „Das leuchtete mir ein."

Eine Zeitlang lief die Entwicklung von Astron und Motel One parallel. Immer wieder dachte Müller über den Verkauf von Astron nach. „Eine Hotelkette, die stehen bleibt, ist tot", meint er. „Dann gibt es aber die große Verantwortung gegenüber den Mitarbeitern. Man hat das Gefühl, man verrät sie, wenn man über eine Trennung nachdenkt."

Die Entscheidung reifte innerhalb von zwei Jahren. Damals starb ein enger Mitarbeiter im Alter von 50 Jahren an einem Herzinfarkt. „Für mich war das ein Zeichen, dass wir persönlich zu sehr engagiert sind und uns das überfordert." Zu der Zeit stand Müller im Kontakt mit der spanischen Hotelgruppe NH, die ihre Basis in Deutschland ausbauen wollte. Wenige Tage nach dem verheerenden Terroranschlag auf das World Trade Center in New York kam der ***Tag der Entscheidung.*** Müller unterschrieb im Herbst 2001 in München den Vertrag über den Verkauf von 53 Astron-Hotels an NH. Insgesamt erlöste er 390 Millionen Euro – bis heute einer der größten Hoteldeals in Deutschland. Alle Welt staunte über den Abschluss in dieser unsicheren Zeit.

„Zunächst gibt es eine gewisse Euphorie", beschreibt Müller seinen emotionalen Zustand nach dem Mega-Geschäft. „Dann ging ich mit dem Hund durch den Park und dachte, was hast du jetzt gemacht. Ich war ja erst Ende vierzig und hatte mein Leben verkauft. Da kommt ein richtiger Kater. Aber mit einem Abstand von 16 Jahren kann ich sagen, es war für alle die richtige Entscheidung. Auch Astron und die Mitarbeiter selbst hatten in dem neuen Verbund bessere Entwicklungschancen." So kommt der heutige NH-Zentraleuropachef Stephan Demmerle aus der Talentschmiede von Astron.

Die Erlöse flossen in die One Hotels & Resorts AG, die Hälfte davon verblieb im Unternehmen, der Rest wurde ausgeschüttet. So entstand ein solider Grundstock für neue Projekte. „Ich wollte mich mit den Banken nicht mehr so quälen müssen", betont Müller.

„Keine Angst vor Motel One"

Der Durchbruch für Motel One kam 2006 mit dem Open Lounge Konzept. „Wir haben keine Räume mehr abgesperrt. Bei vielen Hotels stehen nach wie vor die großen Frühstücksräume tagsüber leer." Der berühmte Egg Chair von Arne Jacobsen, der in keiner Lobby fehlt, wurde zum Markenzeichen, genauso wie das züngelnde Kaminfeuer auf dem Display in den Zimmern und in der Bar. Die knallige Markenfarbe Türkis macht die Häuser frisch und lebendig. „Wir standen in Mallorca am Meer, und es schimmerte so schön", erklärt Müller die Entstehung der Leitfarbe. „Türkis erinnert an Urlaub, macht gute Laune." Vor allem Frauen spricht die Mischung aus blau und grün an, auch deshalb kommen besonders viele weibliche Gäste.

Mit den Jahren wurde das Design immer ausgefeilter, Stoff wurde durch edles Leder ersetzt, hinzu kam in einigen Häusern ein Kristall-Kronleuchter aus der Manufactur Lobmeyr für 29.000 Euro das Stück. Im dritten Stuttgarter Motel One, das 2016 eröffnet wurde, spielt das Thema Wasser in Anlehnung an die Bad Cannstatter Mineralwasserquellen eine große Rolle. Tropfenförmige Lampen hängen von der Decke herab, Teppiche des Designers Christian Fischbacher haben eine dreidimensionale Optik, die an Wellen erinnert. Wer in den Coworking Spaces sitzt, kann sich Wasser von einem Trinkbrunnen holen und dabei über die geologische Muschelkalkformation im Untergrund sinnieren.

Der „Excel-Mensch" Müller sorgt dafür, dass die Flächen streng optimiert bleiben, wie in kaum einem anderen

Hotel. „Wir verdienen je nach Standort ab 45 bis 50 Prozent Auslastung Geld. Und wir tun unserer Marke einen großen Gefallen, wenn wir uns mit den Preisen zurückhalten. Man muss den Preis nicht bis zum Letzten ausreizen. Das hat die Marke positiv aufgeladen." Dass die Gäste beim Einchecken bezahlen, rief zunächst Misstrauen hervor. Businessreisende bemerkten jedoch gleich den Vorteil, dass sie morgens nicht in einer zähen Warteschlange auf das Auschecken warten müssen. Das Modell ist keine eigene Erfindung, sondern wurde von Etap übernommen.

Von täglich wechselnden Zimmerpreisen hält Müller wenig. „Das Yield Management kommt von den US-Fluggesellschaften. Und die meisten sind pleite." Dem Gast sei es außerdem schwer zu vermitteln, warum er einmal für dasselbe Zimmer 39 Euro und dann 179 Euro zahlen soll. Doch auch Motel One kommt in die Jahre, selbst spektakuläre Konzepte altern, Konkurrenten springen auf das Modell auf. „Wir haben einen permanenten Innovationsprozess implementiert", unterstreicht Müller. „Dazu gehören kurze Renovierungszyklen von nur fünf bis sieben Jahren." Einrichtungen und Lobby-Konzepte werden nicht eins zu eins ersetzt, sondern weiterentwickelt.

Wenn Motel One die Eröffnung eines neuen Hauses verkündet, herrscht bei manchen Privathoteliers am Ort Weltuntergangsstimmung, weil sie um ihre Kundschaft fürchten. So kann ein 580-Zimmer-Haus rechnerisch rund 200.000 bis 400.000 Übernachtungen im Jahr absaugen. Doch Müller beruhigt die Wettbewerber: „Niemand braucht Angst zu haben, es sei denn, er verschläft die Zeit. Es gibt viele Hoteliers die vorausschauend die Investitionen in den Businessplan einarbeiten. Wer das nicht macht, bekommt Probleme." Bei den seit vielen Jahren steigenden Übernachtungszahlen in Deutschland würden zusätzliche Kapazitäten dringend gebraucht.

Bedeutsam ist für Müller der faire Umgang mit den Mitarbeitern. „Das Wichtigste für die Leitung ist es, die Dienstpläne zu beherrschen. Wenn jemand bis drei Uhr nachts arbeitet, muss das abgegolten werden, am besten mit Zeitausgleich." Schon vor Jahren outete er sich als Anhänger von Minimumgrenzen beim Verdienst: „Ich bin einer der wenigen in unserer Branche, der den Mindestlohn befürwortet", sagte er damals. „Es ist eine Horrorvorstellung, wenn jemand von seiner Arbeit nicht leben kann. Wir zahlen überall Mindestlohn oder mehr, auch im Osten Deutschlands. Darüber hinaus gibt es Zulagen durch Incentive-Programme, an denen mehr als 90 Prozent der Mitarbeiter wegen ihrer guten Leistungen beteiligt sind."

Paris, Amsterdam, New York

Die Auslastung der Hotels erreicht insgesamt 77 Prozent, einige Häuser in Hamburg, Berlin und München melden bis zu 95 Prozent. Der Umsatz lag 2016 bei 357 Millionen Euro, der Operating Profit bei 72 Millionen Euro. Eine hohe Quote von 30 Prozent der Hotels ist eigenes Eigentum. „Wir haben kein einziges Hotel, das Geld verliert. Das können nicht viele Ketten von sich behaupten", unterstreicht Müller. Die erste Generation der Häuser an den Stadträndern hat Motel One inzwischen verkauft, die Louvre-Gruppe machte daraus Première Classe.

Bis ins Detail sind die nächsten Jahre geplant. In Berlin am Alexanderplatz entsteht das größte Motel One mit 708 Zimmern verteilt auf 19 Etagen. Höher ist jedoch der 125 Meter große Hotelgigant Park Inn mit rund tausend Zimmern, eines der größten Hotels in Deutschland. Das Haus am Alex ist das zehnte Hotel des Unternehmens in Berlin, insgesamt stellt Motel One dort 3.700 Zimmer bereit. Auch in München kommt Motel One bald auf zehn Häuser. „Ich habe keine Angst vor Größe", sagt Müller. „Aber wir planen nur dort so groß, wo auch das entsprechende Aufkommen vorhanden ist. Wenn man ein solches Haus an diesen hoch frequentierten Standorten nicht voll bekommen würde, wäre irgendetwas an dem Konzept falsch."

2018 sind acht Neueröffnungen geplant, darunter in Paris und Amsterdam, 2019 sogar neun. Derzeit liegt knapp ein Drittel der Hotels im Ausland – von der Schweiz bis Großbritannien. An New York ist Müller schon seit Jahren dran, aber bisher hat sich noch nicht die richtige Gelegenheit ergeben. Den Markennamen ließ er dort bereits schützen. Müller kennt Emotionen, handelt aber beruflich streng analytisch.

Gesteuert wird das Imperium aus der Tegernseer Landstraße in München, wo alle 14 Tage der Board mit sieben Vorständen zusammenkommt. Hier zeigt sich, dass Müller ein Teamplayer ist und Verantwortung abgeben kann. Mit dabei ist neben Ursula Schelle-Müller auch sein

Sohn, COO Daniel Müller. Er steuert auch die Aus- und Weiterbildungsaktivitäten wie den Motel One Campus und die One University sowie die Projekte zur Integration von Flüchtlingen. „Ich bin für die Strategie verantwortlich und halte mich aus dem Tagesgeschäft raus", betont Müller. „Nicht jeder Blödsinn darf bei mir landen, sonst wäre ich reif für die Klapsmühle." Seine Tochter wohnt mit ihrer Familie in der Schweiz.

Im ersten Stock der Zentrale stehen in einem Besprechungsraum seine inzwischen gut zwei Dutzend Auszeichnungen, von der Gesamtnote „Gut" der Stiftung Warentest für Motel One über das Triple A-Rating von Treugast bis zum persönlichen Lifetime Achievement Award. Welche ist die wichtigste? „Wenn man es rückblickend betrachtet, der ‚Hotelier des Jahres'. Das hat Motel One große Aufmerksamkeit gebracht. Es war der erste große Award, die Mitarbeiter waren wahnsinnig stolz. Für uns war das ein Startschuss."

Die Hotellerie hat für Müller noch eine andere Seite: Zur One Hotels & Resorts AG gehören noch zwei Häuser, die aus dem Verkauf an NH übrig geblieben sind. „Die Spanier wollten keine Hotels in den Bergen", erklärt Müller. Heutzutage herrscht im Kitzhof in Kitzbühel mit 168 Zimmern oft Promi-Alarm. Das Golf Resort Achental in Chiemsee-Nähe ist auf Firmentagungen und Golf spezialisiert.

Seit dem Verkauf der Astron-Kette wohnt das Ehepaar Müller in einer Villa am Starnberger See. Hier regiert nicht Excel: Dieter Müller ist Autofan, fährt derzeit Tesla.

Sein Lieblingsfahrzeug ist aber ein BMW Z8 in silbermetallic mit roten Ledersitzen, der nur 5.000 Mal gebaut wurde. Erholung findet er, wenn er seinen Gordon Setter George ausführt oder mit dem Fjord-Boot unterwegs ist. Einmal im Jahr entschlackt er im Lanserhof. „Der Beruf ist ein großer Teil meines Lebens", sagt Müller. „Aber es ist keine Belastung für mich, erreichbar zu sein, Mails zu lesen. Ich spiele gern Golf und fahre in den Urlaub."

Über seine Karriere vom Lehrling zum Unternehmerstar sagt Müller in seiner ruhigen und gelassenen Art: „Ich bin ganz zufrieden damit, wie es gelaufen ist." Was wird einmal aus Motel One? „Es ist ja kein Familienunternehmen", erklärt Müller. „Meine Aktionäre sind auch schon in die Jahre gekommen." Was hält er von einem Verkauf? „Das wäre nicht meine favorisierte Lösung und würde dem Unternehmen nicht gerecht." Eher käme für ihn eine Börsenplatzierung in Frage. „Das Wachstumspotenzial ist enorm groß. Wenn ich vierzig wäre, würde ich einen Weltkonzern daraus machen. Ob mein Sohn sich das antun will und die Chance nutzt, muss er zunächst einmal für sich selbst entscheiden.

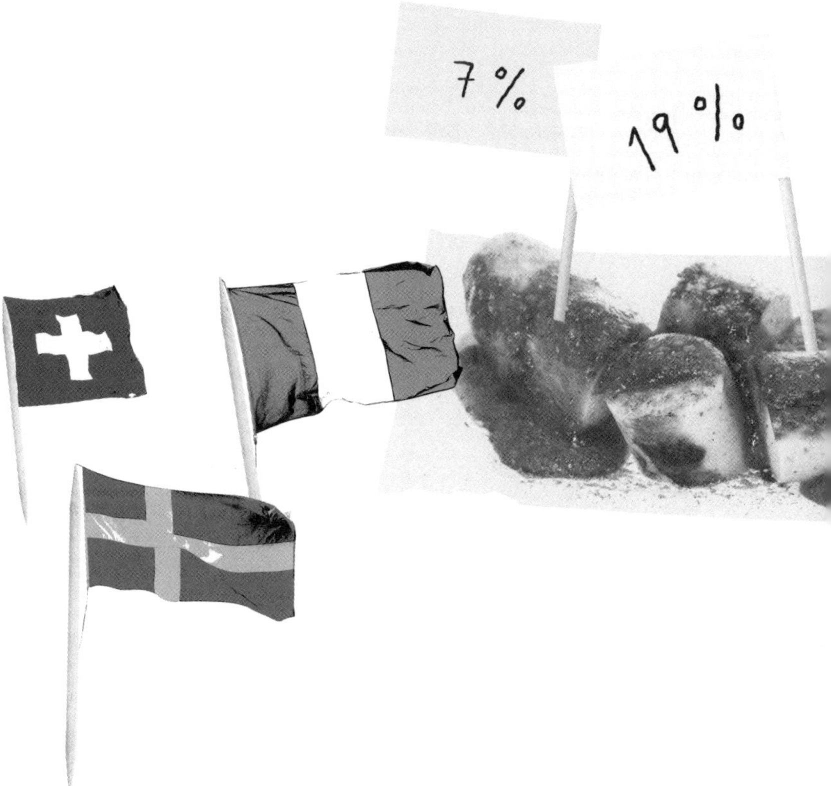

ERNST FISCHER

Die Milliarden-Entscheidung

Die Ausbildung zum Koch war nicht der Traum von Ernst Fischer. Aber er lernte, die Gastronomie und Hotellerie zu lieben. Sein Meisterstück gelang ihm im Zuge der Regierungsbildung von Angela Merkel und Guido Westerwelle im Jahr 2009.

Die Ansprache bei den Deutschen Jugendmeisterschaften auf dem Petersberg gehört zu den traditionellen Pflichten des DEHOGA-Präsidenten. Ernst Fischer liebt solche Auftritte in Mitten der jungen Generation, die einmal die Verantwortung übernehmen wird. Am Vormittag hat der gelernte Koch noch 150 Essen in seinem Landhotel Hirsch in Bebenhausen bei Tübingen zubereitet. Dann ist er mit Auto und Zug 350 Kilometer weit ins Siebengebirge gefahren, sodass er rechtzeitig für seine Rede auf dem Podium steht.

Fischer weiß, dass der Nachwuchs bei Köchen, Restaurantfachleuten und Hotelfachleuten kostbar und zahlenmäßig begrenzt ist. Viele junge Leute entscheiden sich heutzutage fürs Studium, und die Branche hat mit ihrem Image zu kämpfen. Das geschichtsträchtige Grandhotel auf dem Petersberg hoch über dem Rhein, das schon Queen Elisabeth II zu Gast hatte sowie den sowjetischen Staatschef Michail Gorbatschow und US-Präsident Bill Clinton, erwacht für ein paar Tage aus seinem Dornröschenschlaf. Dort müssen die ausgelernten Azubis in improvisierten Küchen für dreihundert geladene Gäste in Perfektion kochen und servieren.

Es ist einer der letzten großen Auftritte Fischers als DEHOGA-Präsident. Das Publikum hört ihm gerne zu, Fischer wirkt authentisch. Er spricht die 51 Teilnehmer des Wettbewerbs mit „Kollegen" an und sagt: „Ich gehöre zu Ihnen." Das ist Ausdruck seiner Wertschätzung. Fischer findet, dass dies in den Betrieben viel zu kurz kommt. Und er denkt dabei an seine eigene Vergangenheit.

Der 1944 im rauen Geislingen an der Steige geborene Fischer hat als Jugendlicher selbst eine harte Ausbildung erlebt. Eigentlich wollte er Sportjournalist werden, aber das kam damals nicht in Frage. „Ich bin zum Koch hin gezwungen worden", erzählt er. Schon als Elfjähriger arbeitete er an den Wochenenden in der Weinstube seiner Eltern, bevor er 1960 die Ausbildung begann und als Lehrling 20 D-Mark im Monat verdiente. „Wo die Köche schliefen, das war eine Rumpelkammer und gleichzeitig die Umkleide. Wir mussten morgens erst einmal Feuer machen, alles lief von Hand. Es war sehr viel härter als heutzutage, und Frauen gab es in dem Beruf noch nicht." Vom kargen Gehalt musste er seine Kochmütze mehrmals in der Woche reinigen lassen – für jeweils eine D-Mark. Eine Flanellhose, die er in einem Kaufhaus in Stuttgart sah, kostete schon damals 50 D-Mark. Manchmal schlich er um das Schaufenster herum, konnte sich den Traum aber nicht erfüllen.

Vom Leberkäsbrötchen zum Hummer

Mit seinem Vater hatte er verabredet, dass er einen Ausbildungsbetrieb sucht, bei dem er sonntags frei hat, damit er wenigstens Fußball spielen kann. Aber er war dann so kaputt von der Arbeit, dass daraus nichts wurde. Außerdem stellte sich heraus, dass am Wochenende oft Einsatzfreude beim Nebenbetrieb des Gastwirts, dem Stuttgarter Killesbergfreibad, gefragt war. Dort galt es, 5.000 Leberkäsbrötchen zu machen und Kartoffelsalat aus einem Zentner des Knollengemüses zuzubereiten. Montags ging die Ausbildung weiter. „Ich habe schon immer sieben Tage in der Woche gearbeitet", resümiert Fischer.

Vor vielen Jahren schrieb er sein Motto in ein kleines Büchlein. Dort steht sein Leben in drei Sätzen: „Ich schloss die Augen und träumte, das Leben wäre Freude. Ich wachte auf und sah, das Leben war Pflicht. Aber die Pflicht wurde zur Freude.“ Als Grundsätze schrieb er Freiheit, Gerechtigkeit, Ehre, Offenheit, Gnade, Hoffnung und Liebe auf. Schon damals nahm er sich vor, die Fehler, die er bei der Ausbildung erkannte, später einmal als Chef nicht zu wiederholen.

Fischer wollte schon immer sein eigener Herr werden. „Mein Ziel war es vom ersten Tag an: Ich werde selbstständig. Doch dazu brauchte ich Fremdsprachen.“ Wenn er von seinen Auslandsstationen bei den besten Adressen in Frankreich, Schweden, England und der Schweiz erzählt, kommt Fischer ins Schwärmen. „Es ist einer der großen Vorteile in unserer Branche, dass man die Welt kennenlernen kann. Ich verstehe junge Leute nicht, dass sie die Chancen oft nicht nutzen.“

Er verließ Deutschland 1963, in dem Jahr, als der französische Präsident Charles de Gaulle und Bundeskanzler Konrad Adenauer den Élysée-Aussöhnungsvertrag unterzeichneten. Reisen war damals noch etwas Besonderes, und für Fischer gab es einen traumhaften Aufstieg vom Leberkäse zu Meeresfrüchten. Im britischen Windsor kochte er für den zweitreichsten Mann Großbritanniens. „Als ich 22 Jahre alt war, fuhr ich mit einem 220er Mercedes Hummer und Roastbeef einkaufen. Die Verkäuferin redete mich als ‚Sir‘ an.“ In Paris im George V waren die Beatles und Bob Dylan zu Gast sowie der Schah von

Persien, der Kaviar in Ein-Kilo-Dosen serviert bekam. Noch heute schildert er die Ereignisse so plastisch, als seien sie gerade jetzt erst geschehen.

Aber es war nicht einfach, als Deutscher knapp 20 Jahre nach Kriegsende im Ausland akzeptiert zu werden. In Paris hieß es: Einen deutschen Koch brauchen wir nicht. „Der Küchendirektor hat mir nicht einmal die Hand gegeben. Ich habe so manche Träne verdrückt", erinnert sich Fischer. Erst später hat er von der Kriegsverletzung des Franzosen erfahren. Die seelischen Wunden waren mindestens genauso tief. „Aber irgendwann haben mich die Franzosen plötzlich gemocht. Ich war ein fleißiges Bürschchen."

Die Schuhverkäuferin als Kellnerin

Nach einigen Jahren kehrte er zurück und wurde 1970 mit dem Restaurant Rosenau in Tübingen selbstständiger Gastronom. Seine Augen leuchten, wenn er von einem „Blaulichtcatering" 1972 zu einer Partnerschaftsfeier von Hechingen mit der französischen Stadt Joué-lès-Tours erzählt. Zusammen mit seiner Frau und vielen ungelernten Kräften bewirtete er 600 Gäste in der Halle eines Gymnasiums. „Alles was laufen konnte, war im Einsatz. Die Schuhverkäuferin war Kellnerin. Die Küche war im Lehrerzimmer installiert. Das Kochgeschirr mussten wir uns leihen, denn so große Töpfe hatten wir nicht." Die Feuerwehr brachte Gläser und Besteck, als Tischdecken dienten Baumwolltücher einer örtlichen Textilfabrik. „Prinz Ferdinand von Hohenzollern war der erste Gast.

Als wir ihm den Aperitif servierten, flog das Glas runter. Wie peinlich, ausgerechnet bei ihm."

Die Aufträge wurden immer größer, Fischer erarbeitete sich einen hervorragenden Ruf. Beim Catering in der Villa Reitzenstein am Sitz des baden-württembergischen Ministerpräsidenten kochte er mit seinem Team für viele Gäste.

Aus der Rosenau zog er sich 2012 zurück, schon 1976 übernahm er das Landhotel Hirsch in Tübingen-Bebenhausen, das er bis heute zusammen mit seiner Ehefrau Brigitte betreibt. Es hat zwölf Zimmer, in der Gaststube und auf der Terrasse werden schon mal 220 Essen am Tag serviert. Wichtig ist ihm ein gutes Verhältnis zu seinen Mitarbeitern, viele sind schon seit mehr als zehn Jahren dabei. „Das ist ein unheimlich positives Zeichen, in anderen Betrieben wechseln gerade Spüler im zweimonatigen Rhythmus."

Fischer berichtet auch von „zwei wunderbaren Mitarbeitern aus Vietnam und aus Pakistan, die machen eine super Arbeit". Für einen hat er eine kleine Wohnung in Bebenhausen gefunden, zuvor schlief er in der Stadt in einem Heizungskeller auf einer Matratze. „Man muss sich bedanken können", betont Fischer. „Das hat die Gastronomie und Hotellerie ein bisschen vergessen, sich um Mitarbeiter zu kümmern." Dazu gehört auch eine gute Ausstattung der Räume, zum Beispiel mit klimatisierter Küche. Heutzutage wirkt Fischer dünnhäutig, wenn wieder einmal schlechte Arbeitsbedingungen in den Medien angeprangert werden. „Es tut mir weh, wie Menschen behandelt werden", sagt er dazu.

Fischer ist überzeugt, dass die Branche wieder attraktiver gemacht werden muss. „Der Teildienst, die sogenannte Zimmerstunde, ist so weit wie möglich abzubauen. Das geht meistens“, ist Fischer überzeugt. Aber es braucht den Willen der Küchenchefs dazu. „In vielen Betrieben scheint es Gesetz zu sein, dass alle zur gleichen Zeit anfangen und abends zur gleichen Zeit gehen. Mehr Flexibilität wäre auch eine Wertschätzung für die Mitarbeiter. Das kommt in unserer Branche oft zu kurz.“

Kurzer Dienstweg mit Gerhard Schröder

Fischer arbeitete trotz des beruflichen Trubels seit 1971 ehrenamtlich für den DEHOGA und war Präsident des Bundesverbandes von 2001 bis 2016. Weggefährten schwärmen von seiner natürlichen Autorität. Er war gefragter Gesprächspartner in der Politik, konnte in wenigen Sätzen seinem Gegenüber erklären, wofür Juristen mehrere Schriftsätze brauchen.

Dabei lernte er große Persönlichkeiten kennen. „Besonders beeindruckt war ich von UNO-Generalsekretär Kofi Annan, für den ich gekocht habe. Vor Angela Merkel habe ich großen Respekt.“ Das gilt auch für ihren Vorgänger Gerhard Schröder, mit dem Fischer kurze Dienstwege pflegte. „Ich habe mit ihm über den Wunsch nach Abschaffung der Trinkgeldbesteuerung gesprochen, und vier Wochen später war das Thema durch.“ Eugen Block bewundert er, da er aus dem Nichts Großes aufgebaut hat. Gern erinnert er sich auch an die Rede von Prof. Hans Küng im Berliner Hotel Adlon zu seinem sechzigsten Geburtstag.

2001 erhielt er das Bundesverdienstkreuz, 2013 die Brillat-Savarin-Plakette für sein Lebenswerk.

„Wachstum und Beschäftigung steigen so wie in kaum einer anderen Branche“, betont Fischer. „Noch weiß nicht jeder, dass wir einen Netto-Jahresumsatz von mehr als 77 Milliarden Euro haben, rund eine Million Menschen sozialversicherungspflichtig beschäftigen und 56.000 junge Leute ausbilden.“ Zwar werde die Bedeutung zunehmend erkannt. „Aber es gibt auch Grenzen. Manche denken, man braucht nur mit dem Finger zu schnippen und hat einen Termin bei der Kanzlerin. So überschätzen dürfen wir uns auch nicht.“

Bis heute leidet das Gastgewerbe nach Meinung Fischers unter einem Konstruktionsfehler: „Im Handwerk kostet die Stunde für Kunden mindestens 48 Euro, obwohl die Leistung auch nicht mehr wert ist als die eines gut ausgebildeten Kochs“, erklärt Fischer. Diese Diskrepanz müsse aufgeholt werden. „Wir haben unsere Gäste nach dem Krieg auf Kosten unserer Mitarbeiter und Familienangehörigen subventioniert. Wenn wir damals zum Handwerk gekommen wären mit der Meisterprüfung als Pflicht, hätte die Branche nicht so gelitten. Das wirkt bis heute nach und schmerzt mich.“

Zwischen Euphorie und Ernüchterung

Die wichtigste Zeit von Fischers Karriere hängt mit der Mehrwertsteuersenkung für die Hotellerie von 19 auf sieben Prozent im Jahr 2010 zusammen. Wegen der Bankenkrise ab 2007 gab es damals eine wirtschaftlich schwierige

Phase, von der die Hotellerie und Gastronomie vor allem 2009 getroffen wurde. Bei der Bundestagswahl am 27. September 2009 holte die FDP mit 14,6 Prozent der Stimmen ein überragendes Ergebnis, sodass es für eine schwarz-gelbe Mehrheit unter Führung von Kanzlerin Merkel reichte. In dieser Situation witterte Fischer seine Chance, Steuererleichterungen für die gesamte Branche durchzusetzen. Hinzu kam, dass 21 von 27 EU-Ländern damals schon eine abgesenkte Mehrwertsteuer hatten; die deutschen Unternehmen sahen sich benachteiligt.

Beim DEHOGA-Branchentag 2008 hatte der Verband die rund 1.000 Teilnehmer mit Sieben-Prozent-MwSt-Fähnchen ausgestattet, die sie bei der Rede der Kanzlerin schwenkten. Die Wirkung war nachhaltig. Als Angela Merkel später Tourismusfachleute ins Kanzleramt lud und sich Fischer zu Wort meldete, soll sie gesagt haben: „Ah ja, ich weiß schon, was Sie wollen …" So erinnert sich jedenfalls Fischer. Er unterstrich seinen Standpunkt, dass es niemandem klarzumachen sei, warum eine Currywurst im Stehen nur mit sieben Prozent besteuert wird, aber eine Currywurst in einem Restaurant mit 19 Prozent. „Die Kanzlerin hat mir aber keine großen Hoffnungen gemacht, dass sich etwas tut", berichtet Fischer.

Nach der Bundestagswahl schlug die Stunde von Fischer. In engem Kontakt mit dem schwäbischen FDP-Abgeordneten Ernst Burgbacher und im Gespräch mit Parteichef Guido Westerwelle gelang es ihm, den Gedanken der Mehrwertsteuerabsenkung in die Koalitionsverhandlungen zu implementieren.

Eine Zeit zwischen Hoffen und Bangen begann, bis ihn Burgbacher morgens um fünf Uhr telefonisch aus dem Bett klingelte und über den ***Tag der Entscheidung*** berichtete. Das Ergebnis klang positiv, Fischer reagierte zunächst euphorisch. Bis ihm klar wurde, dass es nur ein halber Sieg war. Im Koalitionsvertrag vom 26. Oktober 2009 wurde auf Seite 14 der Beschluss festgehalten:

„Daneben gibt es Handlungsbedarf bei den ermäßigten Mehrwertsteuersätzen. Benachteiligungen gehören auf den Prüfstand. … Deshalb wollen wir ab dem 1.1.2010 für Beherbergungsleistungen in Hotel- und Gastronomiegewerbe den Mehrwertsteuersatz auf 7 Prozent ermäßigen.“, hieß es dort.

Damit war klar, dass die Mehrwertsteuersenkung nur für Übernachtungen gilt, nicht aber für gastronomische Leistungen, für die er sich die Entlastung noch wesentlich dringender gewünscht hätte. Dass die Gastronomie abgekoppelt würde, konnte sich Fischer nur schwer vorstellen. Rückblickend sagt er: „Viele Hoteliers und auch die Spitzengastronomie hatten sich bei Weitem nicht so eingesetzt, wie es erforderlich gewesen wäre.“

Die Fokussierung auf die Hotellerie erfolgte am Ende der Verhandlungen, als die Beschlüsse durchgerechnet wurden. Die Entlastung der Hotels wurde mit etwa einer Milliarde Euro jährlich veranschlagt, eine Senkung in der Gastronomie hätte drei bis vier Milliarden Euro zusätzlich gekostet. Angesichts der knappen Kassen damals fielen die Restaurants durch den Rost.

Sturm der Entrüstung

Nach Bekanntwerden der Entscheidung gab es einen Sturm der Entrüstung in der Öffentlichkeit. Den Befürwortern ging die Entscheidung nicht weit genug, zumal langsam durchsickerte, dass auch das Hotelfrühstück weiterhin mit 19 Prozent besteuert wird, also zwei Abrechnungen nötig sind. In den Folgejahren wurden weitere Leistungen aus dem ermäßigten Satz herausgerechnet, wie Sauna und sogar das Bereitstellen von kostenlosen Parkplätzen, das nach einem veranschlagten Wert mit 19 Prozent versteuert werden muss.

Bis die Änderung im Wachstumsbeschleunigungsgesetz im Dezember 2009 von Bundestag und Bundesrat beschlossen wurde, protestierten viele Politiker wegen der erwarteten Steuerausfälle, darunter auch Ministerpräsidenten und prominente Bundespolitiker der CDU. Es wurden manche unfairen Argumente ausgetauscht: Subventionierte Adlon-Übernachtungen wurden gegen fehlende Kindergartenplätze ausgespielt, von Schwachsinn und Chaos war die Rede. Auf Unverständnis stieß auch die unterschiedliche Besteuerung von Campern (sieben Prozent) und Dauercampern (19 Prozent). Beinahe wäre die Mehrwertsteuersenkung noch aus dem Gesetz gerutscht, aber am Schluss sprach CSU-Chef Horst Seehofer das Machtwort: „Bayern stimmt keinem Schrumpfpaket zu."

Nach den Beschlüssen wurde es noch verzwickter, als im Januar 2010 bekannt wurde, dass Firmen der Milliardärsfamilie von Finck der FDP und der CDU zusammen rund zwei Millionen Euro Spenden zukommen ließen. Da die Familie Miteigentümer der Restaurant- und Hotelgruppe Mövenpick war, vermuteten Gegner der Mehrwertsteuersenkung für Hotels, dass die Regierungsparteien gekauft worden seien. FDP und CSU wiesen dies als absurd zurück.

Fischer ist betrübt, dass der gute Zweck der Mehrwertsteuersenkung auf diese Weise in Verruf geriet. In seinem Zwölf-Zimmer-Hotel senkte er sofort die Preise, um als Verbandspräsident nicht in den Verdacht zu kommen, dass er abkassieren wolle. „Das Gesetz wurde schlecht verkauft. Aber für viele war es ein wahrer Segen", betont Fischer. „Es gab einen riesigen Investitionsstau. Welcher Verband hat das schon geschafft, bis heute etwa acht Milliarden Euro Entlastung für seine Branche zu bekommen. Das war absolut die wichtigste Entscheidung in meiner Amtszeit. Der Anteil des DEHOGA-Bundesverbands ist schon sehr beachtlich."

Der DEHOGA verweist immer wieder auf den „vollen Erfolg" des Gesetzes. Dadurch seien Milliardeninvestitionen ausgelöst und zehntausende Arbeitsplätze geschaffen worden. „Der Rückgang des Steueraufkommens wurde überkompensiert", betont Fischer.

Tränen zum Abschied

Fischers Amtszeit war auch von Abwehrkämpfen gegen Bürokratie geprägt. Nach dem Motto „Man muss auch Tore verhindern" setzte er sich mit dem Verband gegen steigende Gema-Gebühren ein, erreichte die weiter geltende steuerliche Absetzbarkeit von Bewirtungskosten, erzielte einen Kompromiss beim Rauchverbot und kämpfte gegen die Bettensteuern. Verbandsintern hatte er mit Bayerns DEHOGA-Präsident Ulrich N. Brandl einen unbequemen Gegenspieler.

Den Mindestlohn sah Fischer zunächst skeptisch, später fokussierte er seine Kritik auf die starren Arbeitszeitregeln und die Dokumentationspflichten. Mit der Gewerkschaft NGG gelang es nicht, eine gemeinsame Lösung bei der Höchstarbeitszeit herbeizuführen. Zur Politik hat er ein gespaltenes Verhältnis. Der Unterschied zwischen „Sonntagsreden und Montagshandeln" ärgert ihn. „Kürzlich war das gesamte Landeskabinett bei uns zu Gast. Als wir den Service um 23 Uhr mit Hinweis auf die Höchstarbeitszeit einstellten, wurde das Thema wieder diskutiert", berichtet er. „An solchen Abenden sind alle bis zum Ministerpräsidenten für flexiblere Regelungen, aber politisch tut sich dann nichts."

Fischers Abschied Ende November 2016 im Berliner Maritim Hotel verlief sehr emotional. EU-Kommissar Günther Oettinger lobte: „Er strahlt Wärme und Vertrauen aus. Man fühlt sich in seiner Nähe sehr wohl. Ein unglaublicher ehrenamtlicher Lebensweg." FDP-Politiker Burgbacher blies die Mundharmonika und Best Western Chef Marcus Smola spielte am Klavier „Wir wollen Danke sagen" nach der Melodie von „My Way" von Frank Sinatra. Fischer standen Tränen in den Augen, und er sprach mit versagender Stimme. „Viele sind nur wegen mir gekommen. Das tut gut."

Seine harte Arbeitsmoral bleibt auch im Ruhestand erhalten: Kurz nach dem Abschied renkte er sich bei einem Sturz die Schulter aus. Es war der 22. Dezember 2016, und er lag eine Dreiviertelstunde auf eisglatter Straße, bevor ein Krankenwagen kam. Trotzdem stand er drei Tage später mit Schmerzen wieder in der Küche des Landhotels. „Wir hatten Menü", sagt er zur Erklärung.

Fischer ist ein Freund von Bonmots: „70 Jahre jung zu sein, ist bisweilen heiterer, als 40 Jahre alt zu sein", sagt er. „Die Herzen zu öffnen, bedeutet nicht, den Kopf zu verlieren." Mit seiner Frau Brigitte ist er seit rund 40 Jahren verheiratet. Während er seinen Geschäften als DEHOGA-Präsident nachging, hielt ihm seine Frau in Tübingen den Rücken frei. „Es war sicher nicht von Nachteil, dass ich so oft weg war. Die Leistung meiner Frau ist nicht hoch genug einzuschätzen." Stolz ist er auf seine beiden erwachsenen Söhne Florian, der Grafikdesigner, Filmemacher und Dozent ist sowie Thomas, der mit seiner Familie ins Silicon Valley in die USA zu seinem neuen Job bei Tesla gezogen ist.

Wie hat Fischer seinen Abschied von ganz oben verkraftet? „Ich war 20 Jahre an der Spitze, davon fünf Jahre Stellvertreter. Es ist besser, jetzt aufzuhören, statt nach Hause geschickt zu werden. Immerhin gibt es noch viele, die sagen, dass es schade ist." Nun sei endlich Zeit, mit seiner Ehefrau Brigitte zu reisen. „Im Grunde hatten wir keinen Urlaub, das werden wir jetzt nachholen."

Auch beim Fußball kam doch noch alles ins Lot. Donnerstags um sieben Uhr morgens treffen sich in Tübingen die Honoratioren zur Gymnastik mit anschließendem Fußballspiel. „Da wird gekämpft mit allem, was dazugehört", erzählt Fischer. „Ab acht Uhr wird beim Kaffee Politik gemacht." Sein Traum wäre ein Spiel mit Barcelona-Star Lionel Messi inklusive Abendessen.

INNEGRIT VOLKHARDT

Im Fluss der Generationen

Mit 27 Jahren übernahm Innegrit Volkhardt den Bayerischen Hof in München. Als erste Frau führt sie das Traditionshotel, das sich in der vierten Generation im Familienbesitz befindet.

Wer die geschäftsführende Gesellschafterin des Hotels Bayerischer Hof in München, Innegrit Volkhardt, nach einer schwierigen und vielleicht quälenden Entscheidung in ihrem Leben fragt, erhält die verblüffende Antwort, es gebe keine. „Ich glaube, dass wir als Unternehmer gar nicht mehr lange abwägen können, dass man nur überleben kann, wenn man schnell und intuitiv entscheidet", sagt sie zur Erklärung. „Insofern gibt es keine wochenlangen Entscheidungsprozesse. Ich habe nie groß nachgedacht und stets intuitiv entschieden. Vielleicht ist es ein Fehler, aber ich bin damit immer gut gefahren."

Mit diesem Prinzip hat sie den Bayerischen Hof zu einem der erfolgreichsten Hotels in Deutschland gemacht. Das 5-Sterne-Haus ist autark wie ein Luxusliner auf hoher See mit exklusiven Boutiquen, sechs Restaurants, fünf Bars, einer Kino-Lounge, einem der besten Jazz-Clubs der Stadt, der Komödie sowie vierzig Bankett- und Veranstaltungsräumen. Im „Atelier" zaubert Zwei-Sterne-Küchenchef Jan Hartwig saisonale Gourmetgerichte. Auf dem Dach befindet sich die Blue Spa Lounge, ein 1.300 Quadratmeter großes Wellness-Refugium mit Beauty-Center, Frisör und atemberaubenden Blick auf die Frauenkirche.

Von den 348 Zimmern sind 66 Suiten. Dazu gehört die 101 Quadratmeter große Panoramasuite 705 in der obersten Etage. Sie wurde vom Einrichtungs-Künstler Siegward Graf Pilati im Penthouse-Stil gestaltet und mit Mahagoni, Marmor aus Siena und brasilianischem Granit ausgestattet. Allein die Dachterrasse ist 78 Quadratmeter groß. Wer Fernweh hat, kann die Trauminsel-Suite mit Sandstrand unter Plexiglas buchen.

Mehrere Räume können zu einem Royal Penthouse Floor zusammengelegt werden, sodass ganze Trakte für prominente Gäste zur Verfügung stehen und mit eigenem Tiefgaragenzugang reserviert werden können. Die Zimmerpreise beginnen bei 440 Euro pro Nacht. Für den 584 Quadratmeter großen, geschichtsträchtigen Royal Palais Floor in der dritten Etage des Palais Montgelas mit Blick zum Promenadenplatz beträgt die Rechnung 15.000 Euro.

Der Umsatz des Hotels mit etwa sechshundert Mitarbeitern lag 2016 bei rund 63 Millionen Euro. Mit einer Belegung von 75 Prozent ergibt sich ein Jahresnettoumsatz von annähernd 200.000 Euro pro Zimmer. Viele Jahre lang war der Bayerische Hof das umsatzstärkste Hotel Deutschlands. Inzwischen wurde es vom Berliner Estrel überholt, das allerdings über 1.125 Zimmer verfügt und seinen Veranstaltungsbereich mächtig erweitert hat. Erstmals seit vielen Jahren musste die vom Erfolg verwöhnte Innegrit Volkhardt ein Umsatzminus hinnehmen. Es war den generellen Rückgängen im Münchner Tourismus wegen des Anschlags im Olympia-Einkaufszentrum mit zehn Toten geschuldet sowie einem Umbau, bei dem 30 Zimmer nicht zur Verfügung standen. „Der Terror hat uns den Sommer verhauen", kommentiert Volkhardt.

Der Wunsch des Königs

Der Bayerische Hof ist eines der traditionsreichsten Hotels in Deutschland. Seine Gründung geht auf das Jahr 1839 zurück, als sich der Bayerische König Ludwig I. „auch in München ein erstrangiges Hotel für vornehme

Reisende von Stand" wünschte. Der Industrielle Joseph Anton von Maffei, der später Lokomotiven und Dampfschiffe baute, beauftragte den Architekten Friedrich von Gärtner. Zwei Jahre später, am 15. Oktober 1841, wurde das Haus eröffnet. Das ähnlich bedeutende Hotel Adlon in Berlin entstand erst 1907.

In München ging die Rechnung auf: Die vornehmen Gäste kamen, darunter Kaiserin Sissi von Österreich. König Ludwig I. soll mangels eigener Wanne dort gern ein Vollbad genommen haben. 1897 kaufte der Zuckerbäcker und Hotelier Herrmann Volkhardt das Haus für 2,85 Millionen Goldmark. Es war der Beginn einer langen Familientradition, doch er selbst starb am Weihnachtsabend 1909. Sein Sohn Hermann Volkhardt setzte das Werk fort und machte den Bayerischen Hof in den 1920er Jahren zum größten Hotel Europas. Es war – neben dem Adlon – ein Lieblingsschlafplatz der Berühmtheiten aus Kultur und Gesellschaft.

Der Tiefpunkt kam im Zweiten Weltkrieg. München war Hitlers „Hauptstadt der Bewegung" und wurde damals so stark zerstört, dass sich manche einen Wiederaufbau kaum vorstellen konnten. Es gab Überlegungen, die Stadt am Starnberger See neu zu konzipieren. 90 Prozent der Altstadt lagen in Trümmern. Der Bayerische Hof wurde bei einem Bombenangriff in der Nacht zum 25. April 1944 fast komplett in Schutt und Asche gelegt.

Um den Wiederaufbau kümmerten sich Hermann Volkhardt und sein Sohn Falk. Sie eröffneten im Spiegelsaal schon 1945 Münchens erstes Speiserestaurant nach dem Krieg; auch das Hotel nahm bereits im Oktober 1945 wieder mit einigen Zimmern seinen Betrieb auf. Nach dem Tod des Vaters 1955 übernahm Falk Volkhardt das Haus in der dritten Generation. Er erweiterte es 1969 durch das Nachbargebäude Palais Montgelas und führte es zu neuer Größe.

Dann kam der furchtbare Tag im Juli 1992, als Falk Volkhardt einen Schlaganfall erlitt. Von einem Tag auf den anderen konnte der Mann, der 37 Jahre lang für den neuen Bayerischen Hof stand und eine der größten Hotelpersönlichkeiten in Deutschland war, seine Geschäfte nicht mehr wahrnehmen. Damals war Tochter Innegrit Volkhardt gerade mit ihrem Studium der Betriebswirtschaftslehre an der FH München fertig geworden.

Management by Intuition

Bereits drei Jahre zuvor war Innegrit Volkhardt zu ihrem Studienbeginn ins Hotel eingetreten und arbeitete jeden Tag im Betrieb. Sie kannte einiges aus dem FF und übernahm nach dem Tod ihres Vaters das Steuer des Familienimperiums. „Das war gar keine Frage", erzählt sie. „Es ging am nächsten Tag einfach weiter. Da kam die Post, die musste bearbeitet werden, jemand musste ansprechbar sein, die Mitarbeiter informieren und das Hotel leiten. Es war keine aktive Entscheidung. Der Betrieb musste weiterlaufen."

Ihr wichtigstes Werkzeug ist Management by Intuition. Ein unsichtbarer roter Faden spannt sich über die Generationen. In der heutigen Falk's Bar, dem einzigen Raum im Bayerischen Hof, der nach dem Zweiten Weltkrieg weitgehend intakt geblieben war, hatte sie ein Schlüsselerlebnis. Der Raum liegt hinter der Lobby und ist über einige Stufen zu erreichen, er fällt durch üppigen Stuck und goldgerahmte Spiegel auf. Lange führte er ein stiefkindliches Dasein, erst Innegrit Volkhardt brachte den historischen Schatz wieder zum Glänzen, richtete die Bar ein und benannte sie nach ihrem Vater. „Dort sah ich, was Generationen aufgebaut und wieder verloren haben." Diese Initialzündung verlieh ihr den Schub für die nächsten Schritte. Sie kam der Familien-DNA so nahe wie selten und spürte die Pflicht, das Werk weiterzuführen. „Darüber bin ich glücklich."

Innegrit Volkhardt schlug sich im Unternehmerdschungel durch und machte sich mit Eifer an die weitere Modernisierung. 2002 wurde sie – wie ihr Vater elf Jahre zuvor – als Hotelier des Jahres der AHGZ ausgezeichnet. Sie erhielt den Bayerischen Staatsorden für besondere Verdienste um die Wirtschaft und wurde erstes weibliches Mitglied des Hochschulrats der FH München.

2005 ließ sie das Hotel um eine Etage aufstocken. Dort ist nun die Blue Spa Lounge untergebracht. 2017 wurde ein Nebengebäude, das sogenannte Bauteil G, neu errichtet. Hier befindet sich nun im Dachgeschoss eine über 300 Quadratmeter große Suite mit eigenem Spa und Fitness-Studio. Insgesamt investierte Innegrit Volkhardt bisher rund 150 Millionen Euro. Zum Besitz der Familie gehören auch das Hotel Zur Tenne in Kitzbühel, eine Weinhandlung in Pasing und weitere Immobilien.

Ein Geisterfoto mit Nicolas Cage

Was haben Albert Einstein und Teenie-Star Miley Cyrus gemeinsam? Beide wohnten schon im Bayerischen Hof – im Abstand von mehreren Jahrzehnten. Vor dem Hotel und in der Lobby gibt es oft Promi-Alarm. In den Aufzügen können Berühmtheiten auch mal aus nächster Nähe betrachtet werden. Der Bayerische Hof ist auf Prominenz jeder Art vorbereitet.

Mit den Persönlichkeiten, die schon einmal dort übernachtet haben, könnte man ganze Akademien ausstatten, legendäre Filme drehen, Künstlerkolonien gründen und unschlagbare Sportvereine bestücken. Auf der Gästeliste standen unter anderem: Neil Armstrong, Georg Baselitz, Stephen Hawking, Charles Lindbergh, Max Liebermann, Charlie Chaplin, Sigmund Freud, Alfred Hitchcock, Richard Gere, Sharon Stone, Grace Kelly, Brigitte Bardot, Leonard Bernstein, Chuck Berry, Maria Callas, Enrico Caruso, Eric Clapton, Bob Dylan, Richard Strauss, die Beatles, die Rolling Stones, Amy Winehouse, Neil Young, Kenzo Tagada, Jean-Paul Gaultier, Napoleon III., Konrad Adenauer, Bill Clinton, der Dalai Lama, Isabell Allende, Ernest Hemingway, Franz Kafka, Arthur Miller, Andre Agassi, Mohammed Ali, Steffi Graf, Lewis Hamilton, Pele und Messi.

Monatelang wohnte Michael Jackson im Bayerischen Hof. Deshalb haben Fans das Denkmal des Renaissance-Komponisten Orlando di Lasso auf dem Promenadenplatz vor dem Hotel kurzerhand mit unzähligen Fotos des King of Pop geschmückt und so in eine Gedenkstätte für den 2009 verstorbenen Musiker umgewandelt. Innegrit Volkhardt kann von ihrem Büro im ersten Stock des Hotels auf das Monument zwischen den Straßenbahnschienen der Tram 19 blicken. Der empörende Vorfall, als Michael Jackson seinen Sohn gefährlich aus einem Fenster hielt, geschah nicht im Bayerischen Hof, sondern im Adlon in Berlin. In München gehörte es ebenfalls zu Volkhardts Aufgaben, dem Superstar mit einem Schwert den Weg aus dem Hotel durch kreischende Fans zu bahnen, als dieser einmal überraschend spazieren gehen wollte und nicht genügend Sicherheitskräfte zur Verfügung standen.

Es gibt nicht viele Bilder von Innegrit Volkhardt mit berühmten Gästen. „Ich finde nichts peinlicher, als Fotos vom Händeschütteln mit einem Star", erklärt sie. Mit einigen wenigen Größen ließ sie sich dennoch ablichten. Dazu gehören Jack Nicholson und Muhammad Ali. Ausgerechnet bei ihrem Lieblingsstar Nicholas Cage versagte jedoch die Technik. Als ein Mitarbeiter die beiden zusammen aufnehmen sollte, entstand nur ein verhuschtes Geisterbild.

Die Frau für schwierige Herausforderungen

Innegrit Volkhardt wurde 1965 im Schwabinger Krankenhaus geboren und verbrachte ihre Kindheit in Starnberg. Ihre Schwester Michaela ist drei Jahre älter. Zu ihrer Mutter Erika hat sie eine sehr gute Beziehung. „Mit meinem Vater war es eher okay." Innegrit Volkhardt besuchte eine amerikanische Ganztagsschule. Nach dem Lernen ging sie zu ihrem Pferd. Damals gründete sich in ihr eine tiefe Tierliebe, die bis heute anhält.

1983 begann sie im Bayerischen Hof eine Lehre als Hotelkauffrau. „Wenn ich ehrlich bin, wusste ich nicht, was ich machen soll. Es lag nahe, dass man sich die Branche anschaut." Richtig Feuer hat sie dabei jedenfalls nicht sofort gefangen. „Ich habe meine Arbeit gemacht, es war mal lustig, mal nicht." Auch nach der Lehre war der weitere Weg auf langfristige Sicht noch nicht klar.

Sie absolvierte Praktika in den Hotels Vier Jahreszeiten und Atlantic in Hamburg sowie bei Feinkost Käfer in der Münchner Stadtküche. „Das war der Moment, als ich die Liebe zum Beruf gefunden habe und der Funke übersprang." Es machte ihr Spaß, schwierige Herausforderungen zu meistern. „Gerd Käfer war das Paradebeispiel eines Menschen, der alles abgefordert hat, was möglich ist."

So musste bei der Veranstaltung einer vermögenden Kundin das Essen in einem engen Kellerloch zubereitet werden. „Es war irre, die Bedingungen waren unmöglich. Aber es hat funktioniert." Und wenn etwas schiefging, wurde alles so gut wie möglich repariert, wie in Frankreich, als sie mit Gerd Käfer am Küchenpass stand und großzügig Trüffel über die Nudeln rieb. „Plötzlich waren noch 150 Essen da, aber die Trüffel waren aus", erinnert sie sich. Also holten sie so viele Teller wie möglich zurück und verteilten die teuren Knollen neu.

Während ihres Studiums pendelte sie zwischen der Hochschule, dem Hotel und ihrem Pferd. 1992 machte sie das BWL-Examen nach sechs Semestern. Damals ging es ihrem Vater bereits schlecht. Seit er aus dem Zweiten Weltkrieg mit Malaria zurückgekehrt war, litt er an Herzschwäche. „Er hätte nur eine neue Herzklappe gebraucht, aber er wollte niemanden an sein Herz lassen. Das war sein Schicksal. Dann bekam er den Schlaganfall."

Über die Nachfolge konnte sie nie mit ihrem Vater sprechen. Er habe eher ihre Schwester Michaela für diese Aufgabe vorgesehen, meint Innegrit Volkhardt. „Sie war viel extrovertierter als ich, aber sie wollte es nicht, sondern entschied sich, eine Familie zu gründen." Ihre Schwester heiratete in die Hotelfamilie Geisel ein, bekam zwei Kinder. Eine Zeitlang schien der Übergang unklar, denn Falk Volkhardt verhandelte mit der Hotelgesellschaft Ritz Carlton einen Managementvertrag bis zur Unterschriftsreife. Doch dann übernahm Innegrit Volkhardt.

Das Hotel wurde zum Mittelpunkt ihres Lebens. Schnell erkannte sie, wie wichtig es ist, dass der Eigentümer sich akribisch um das eigene Hotel kümmert, und verzichtete auf Kinder. Bis heute hat sie auch keinen Direktor angestellt. Von Freunden hörte sie öfter: Dein Vater hätte nie gedacht, dass du das mal so gut machen könntest. „Mein Vater hat mich möglicherweise verkannt", sagt sie. Bis zu seinem Tod 2001 konnte sie nicht mit ihm darüber reden.

Zwischen Stall und Luxushotel

Ein typischer Tag im Leben von Innegrit Volkhardt sieht so aus: Morgens gegen halb zehn kommt sie ins Hotel. „Ich versuche, vormittags keine Termine zu machen und nur mit meinem Büro zu arbeiten." Manchmal isst sie mit ihrem Lebensgefährten zu Mittag, der im Hotel für die

Finanzen verantwortlich ist. Die Nachmittage gehören den sieben Bereichsleitern, mit denen sie sich mindestens einmal in der Woche ausführlich besprechen will, sowie den Kunden. Montags ist Umbau-Jour-Fixe, abends gibt es immer irgendwo eine wichtige Veranstaltung. „Ich bin noch nie ungern ins Hotel gefahren", betont sie. Das Einzige, was sie nicht sonderlich mag, ist, größere Texte selbst zu schreiben. „Ich umgebe mich lieber mit Zahlen und Menschen." Dabei steht sie jedoch am Ende der Entscheidungskette: „Gefühlt will eigentlich jeder etwas von mir. Kaum einer geht aus meinem Büro raus, ohne etwas mitzunehmen."

Bis Mitternacht versucht sie, zurück zu Hause am Starnberger See zu sein. Bevor sie ihren Lebensgefährten sieht, schaut sie bei ihren Eseln Pippi, Molly, Elly und Michel rein. „Als mein Pferd starb, habe ich mir den Traum erfüllt, den ich mir als Kind immer gewünscht habe: Ich kaufte drei Esel. Sie haben so eine kluge und nette Art, sind liebesbedürftig, strahlen eine angehnehme Ruhe aus, sind in sich gekehrt und machen nur das, was sie wollen." An der Tür wird sie von ihrer Katze Woody begrüßt.

Der nächste Morgen beginnt mit dem Füttern und Putzen der Tiere. Wenn ihr Mitarbeiter nicht da ist, mistet sie den Stall selbst aus, bevor sie ins Hotel fährt. „Ich bin der Sklave meiner Esel", sagt sie schmunzelnd. Einmal wurde sie gefragt, ob es Gemeinsamkeiten gebe zwischen ihren Tieren und ihrer Person. „Die Leidensfähigkeit", sagt sie dazu. „Ich bin stark darin, Dinge auszuhalten, auch wenn ich eigentlich Nein sagen müsste." Zugleich kann sie aber auch ungeduldig sein, etwa wenn sie nicht nachvollziehen kann, warum etwas drei Wochen dauern soll statt drei Tage.

Alle eineinhalb Jahre macht sie zehn Tage Urlaub. Sie war auf den Malediven, sie liebt Wasser, läuft barfuß im Sand, taucht gern. „Wenn ich nach Hause komme oder ins Flugzeug steige, kann ich sofort abschalten. Ich habe großes Glück." Dann schaut sie einfach aufs Wasser oder hört Musik, gern Jazz, zum Beispiel Jan Garbarek.

„Ich glaube an eine höhere Macht", sagt Volkhardt. „Als mein Pferd Rainer starb, fanden wir durch Zufall einen Esel, der die gleichen Eigenarten und Haarfarbe hatte. Ich glaube nicht an Wiedergeburt, aber den Esel hat mir, um mich zu trösten, so bilde ich mir es zumindest ein, mein Rainer geschickt."

Keine Zeit zum Nachdenken

Innegrit Volkhardt kennt viele berühmte Persönlichkeiten. „Wen ich bewundere, ist Frau Dr. Merkel. Sie ist bescheiden, freundlich und geht auf den anderen ein. Das Gleiche gilt für Herrn Steinmeier. Ich freue mich, sie zu Gast zu haben." Auch für den früheren Nato-Generalsekretär Javier Solana empfindet sie Hochachtung und für den Dalai Lama. „Ich bin Beobachter und schaue, wie er mit den Menschen umgeht. Er hat so viel Güte, gibt jedem mit gleicher Hingebung die Hand."

Vieles ergibt sich von selbst. „Ich erinnere mich noch, als ich Henry Kissinger das erste Mal getroffen habe. Er sagte: 'Oh you are the daughter of Falk'." Wie ist es, so viele prominente Bekannte zu haben? „Mir geht es um den Menschen, auch da denke ich nicht drüber nach", sagt sie. Manche beruflichen Kontakte entwickeln sich zu Freundschaften. Sie habe jedoch viele Menschen erlebt, die Verbeugungen vor ihrem Vater machten, aber als er krank wurde, nichts mehr von ihm wissen wollten, sagt Volkhardt. „In unserem Beruf ist es das Wichtigste, klar vor Augen zu haben, dass es nicht um mich als Person geht, sondern vor allem um meine Aufgabe und Position als Eigentümerin."

Nur selten steht das Hotel selbst im Mittelpunkt wie in der Fernsehserie „Kir Royal" oder im Kinofilm „Mein Blind Date mit dem Leben" oder auch im Prozess gegen den früheren Bundespräsidenten Christian Wulff. Dort ging es um die Frage, ob der Filmunternehmer David Groenewold zwei Übernachtungen gesponsert habe. Wulff wurde in dem Korruptionsprozess freigesprochen.

Auch bei der Münchner Sicherheitskonferenz mit internationalen Spitzenpolitikern spielt das Hotel als Veranstaltungsort eine gewichtige Rolle. Innegrit Volkhardt muss dann vorübergehend das Hausrecht an die Sicherheitskräfte abgeben, der Promenadenplatz ist großräumig abgesperrt. Draußen fahren dunkle Limousinen vor, hinter den Barrieren demonstrieren Friedensgruppen, drinnen wird bisweilen Weltpolitik gemacht. In der von dem ehemaligen Diplomaten Wolfgang Ischinger geleiteten Konferenz geht es um Themen wie eine neue Weltordnung, die Konfrontation zwischen Russland und der

Nato, den Ukraine-Konflikt oder die europäische Schuldenkrise.

1991 musste Falk Volkhardt die hochkarätig besetze Tagung kurzfristig wegen einer Terrorwarnung im Zuge des Golfkriegs zur Befreiung Kuwaits absagen. Das Ergebnis war, dass die Zusammenkunft einige Jahre an anderer Stelle stattfand, bevor Innegrit Volkhardt sie wieder in den Bayerischen Hof zurückholen konnte. „Ich habe dem Leiter versprochen, dass wir nie wieder einen Rückzieher machen werden. Inzwischen haben wir uns gegen Terror versichert. Ich konnte mich also leichter tun als mein Vater." Für das Hotel ist die Veranstaltung der Nachweis, dass es mit einer solchen Größenordnung und Sicherheitsstufe zurechtkommt. „Die Konferenz ist neben dem Oktoberfest das einzige Ereignis in München, das weltweit wahrgenommen wird", betont Volkhardt. Viele Folgeaufträge kommen auch hierdurch zustande.

Öfter wird sie nach neuen Projekten gefragt, beispielsweise, ob es irgendwann einen Bayerischen Hof in Berlin geben wird. „Was auf Unverständnis stößt ist, dass ich nicht erstrebe, noch ein Hotel zu bauen und zu expandieren", antwortet sie darauf. „Für mich war immer wichtig zu verstehen, was ich mache, und einen möglichst guten Überblick zu haben. Es geht mir darum, das zu erhalten, was wir haben und es möglichst immer besser zu machen." Die nächsten Projekte sind die Renovierung des Palaiskellers und der Umbau der Wellnesslandschaft in Kitzbühel. Wegen eines geplanten Luxushotels in der Nachbarschaft befindet sie sich mit der Schörghuber-Gruppe im Streit, da aus ihrer Sicht der Verkehr in dem Areal völlig zusammenbrechen würde.

Wann kommt die rastlose Unternehmerin zum Luftholen? „Ich hatte nie Zeit zum Nachdenken, aber das war auch das Beste, was mir passieren konnte", sagt sie. Ihr ***Tag der Entscheidung*** wird vielleicht noch kommen. Denn sie beschäftigt sich intensiv mit der Frage, wie die nächste Generationenübergabe verlaufen könnte, ob die Töchter ihrer Schwester das Hotel einmal übernehmen oder die Familie eine Runde aussetzen wird. „Das Nachdenken setzt erst jetzt ein mit steigendem Alter, wenn man die Gedanken hat, die mein Vater damals hatte, wie es weitergeht. Je älter man wird, desto intensiver beschäftigt man sich mit diesen Themen."

FAMILIE SEELIGE-STEINHOFF

Reif für die Insel

Vor einem Vierteljahrhundert kam die Familie Seelige-Steinhoff nach Usedom. Ihre Hotels wurden zu einem bedeutenden Wirtschaftsfaktor. Aber nicht alles läuft glatt.

Rolf Seelige-Steinhoff hatte einen Traum. Als begeisterter Anhänger der ältesten ganzheitlichen Heilkunst Ayurveda wollte er auf der Ostsee-Insel Usedom ein internationales Zentrum der traditionellen indischen Medizin errichten. Im Kaiserbad Bansin, direkt am Strand, plante er auf 1.400 Quadratmetern Kur- und Behandlungsräume mit einem Hotel der Kategorie 4-Sterne-Superior. Gespräche mit einem bekannten Ärztepaar aus Indien liefen bereits. Doch der geschäftsführende Gesellschafter der Seetelhotels hatte die Rechnung ohne die Bürokratie, Gerichte und die Nachbarn gemacht. Zwölf Jahre später eröffnete er statt des Medizinzentrums ein Beachhotel für Familien.

Als Unternehmer ist der 1963 geborene Rolf Seelige-Steinhoff durch und durch ein Zahlenmensch. Bis heute hat er auf Usedom unter dem Seetel-Dach 15 Hotels, Villen und Residenzen mit rund 2.100 Betten vereint, dazu ein Brauhaus mit 180 Plätzen und ein Sterne-Restaurant. Hinzu kommt das Hotel Bahia del Sol auf Mallorca mit 209 Zimmern.

Aber es gibt in seinem Kosmos auch Dinge, die er nicht rational deuten kann. Dazu gehört seine Erfahrung mit einem achtzigjährigen Ayurveda-Arzt in Sri Lanka. „Der zeigte mir in kürzester Zeit, wo die moderne Medizin aufhört", erzählt der Geschäftsführer. „Innerhalb von 20 Minuten erklärte er mir alle Leiden der vergangenen 30 Jahre." Ob Bandscheibenvorfall oder Tennisspiel, nichts blieb dem Arzt verborgen. Mit seinem Vater unternahm er zahlreiche Reisen zu Ayurveda-Ärzten, und er war so begeistert, dass er die vor 5.000 Jahren am Fuße des Himalaya-Gebirges entwickelte Heilkunst an den Ostsee-Dünen wirken lassen wollte.

Hotel drohte einzustürzen

Ein passendes Grundstück hatte er. Und wenn sich jemand mit Bauarbeiten auf Usedom auskennt, dann ist es Rolf Seelige-Steinhoff. Seit 25 Jahren gräbt er sich in den Sand der nordöstlichsten Insel Deutschlands. Er projektiert, saniert und konstruiert Hotels, Villen und Tiefgaragen. Trotzdem läuft nicht immer alles reibungslos, wie beim Umbau des Flaggschiffs des Unternehmens, dem Romantik-Hotel Ahlbecker Hof. Das historische 5-Sterne-Haus liegt direkt an der Ostsee-Promenade mit Blick auf die älteste Seebrücke Europas. 1994 war das Gebäude so renovierungsbedürftig, dass es nicht mit Streichen und Dämmen getan war. Seelige-Steinhoff ließ die Fundamente aufgraben, modernisierte grundlegend und baute eine riesige Wellness-Landschaft ein.

Doch die Bauarbeiten wurden komplex und dauerten länger als geplant, es bestand sogar Einsturzgefahr. So musste die Familie allen Gästen absagen, die bereits zum geplanten Eröffnungstermin gebucht hatten. Alle wussten Bescheid, nur ein deutsches Ehepaar aus Brasilien war nicht erreichbar und stand dann plötzlich am Buchungstag vor der Baustelle. „Es war letztlich unser Fehler und wir mussten etwas tun", sagt Seelige-Steinhoff. Aber das Ehepaar wollte unbedingt im neuen Ahlbecker Hof logieren. „Also bereiteten wir ein Zimmer mitten in der

Baustelle vor." Es hatte abgedeckte Wände, eine Not-Beleuchtung und einen behelfsmäßigen Sanitärbereich. Als die Behörden wegen des fehlenden Brandschutzes Einspruch einlegen wollten, stellte Seelige-Steinhoff nachts einen Mitarbeiter als Brandwache ab. So wohnten die ersten Gäste im sanierten Ahlbecker Hof – und sie kamen regelmäßig wieder.

Schwieriger noch wurde es allerdings beim geplanten Ayurveda-Zentrum im Nachbarort Bansin. Die Geschichte beginnt im Jahr 2000, als die Bank Seelige-Steinhoff das Seegrundstück Mare Balticum anbot. Jahrelang hatten verschiedene Eigentümer versucht, dort ein Grandhotel zu realisieren. Doch über den Abriss der bestehenden Gebäude hinaus war kein Fortschritt erkennbar, und es gab Probleme mit Zinszahlungen. Seelige-Steinhoff übernahm die Forderungen der Bank und räumte den Eigentümern eine Frist von zwei Jahren ein, ihr Projekt zu realisieren. Nach drei weiteren erfolglosen Jahren schließlich stellte er Insolvenzantrag und kaufte das Grundstück aus der Zwangsversteigerung.

Nun konnte es losgehen. Ein international renommiertes Architekturbüro hatte das Projekt seit Langem durchgeplant, für den Managementvertrag kam Kempinski in Frage. Doch Seelige-Steinhoff schaute mit wachsenden Zweifeln auf die Planung. Wie sollte damit Geld verdient werden? „Wir wollten keine caritative Verpflichtung eingehen", erklärt Seelige-Steinhoff trocken. „Eine mögliche Zusammenarbeit mit Kempinski wurde dann nach einem Treffen auf Eis gelegt." So musste ein neues Konzept her, und das Thema Ayurveda kam ins Spiel.

Eine Vorladung vor Gericht

Doch es gab heftigen Streit. „Als das Grundstück frisch gekauft war, bekamen wir eine Vorladung vor Gericht“, berichtet Seelige-Steinhoff. „Es hieß, wir würden den Nachbarn zu sehr auf die Pelle rücken.“ Da begann für ihn ein kostspieliges Drama à la Franz Kafka mit zwei jahrelangen Prozessen vor dem Oberverwaltungsgericht. Seelige-Steinhoff justierte seine Planung mehrmals nach. „Jede Anpassung wurde erst begrüßt, dann verworfen. Die Auflagen wurden immer höher und wilder. Irgendwann war mir klar: Man will das Projekt nicht.“

Nach dem zweiten Urteil gegen sich wollte Seelige-Steinhoff nicht einfach so weitermachen. „Wir berieten im Familienkreis: Macht das überhaupt noch Sinn?“ Innerhalb von zwei Monaten setzte sich im Jahr 2010 die Erkenntnis durch: Wir brauchen etwas ganz Neues. Das war der ***Tag der Entscheidung.*** „Wir zogen die Notbremse. Wir hatten weder Zeit noch Energie, das weiter zu verfolgen und wollten auch kein zusätzliches Geld hineinstecken.“

Bis dahin waren sechs Jahre seit dem Grundstückskauf vergangen sowie knapp vier Millionen Euro Kosten aufgelaufen, und schon wieder musste ein neues Konzept her, mit dem ein Teil des verlorenen Geldes wieder hereingeholt werden sollte. Seelige-Steinhoff plante nun ein 3-Sterne-Superior-Familien-Strandhotel mit kleineren Zimmern und sieben gastronomischen Outlets sowie zehn Läden auf einer Art Marktplatz. Auch darum gab es wieder einen Prozess, doch diesmal vor einer anderen Kammer. Letztlich wurde das Konzept gebilligt.

Ein großes Aufatmen ging durch die Familie, und endlich hieß es: Bagger marsch für das Beachhotel Kaiserstrand mit 136 Zimmern. Es sollte Ende Juni 2015 fertiggestellt werden. Das Opening wurde dreimal angesetzt: Im Juni, zum Jahreswechsel und schließlich zu Ostern des Folgejahres, und dreimal mussten die Gäste umgebucht und Ladenmieter vertröstet werden. Schließlich klappte es im vierten Anlauf, die Verzögerung betrug rund ein Jahr.

Wie kam es dazu? „Am harten Winter lag es nicht", grummelt Seelige-Steinhoff und lässt seinen Ärger durchblicken. „Eher an schlechter Kommunikation und ständigem Personalwechsel bei einer für den Bau maßgeblich verantwortlichen Firma."

Schon der Start war schwierig: Kein Generalunternehmen wollte zu üblichen Bedingungen im abgelegenen Usedom arbeiten, viele verlangten eine Art Inselzuschlag. „Alle hatten volle Auftragsbücher." Schließlich entschied sich Seelige-Steinhoff für Einzelvergaben, holte aber für die technische Gebäudeausrüstung mit einem Volumen von etwa 20 Prozent des gesamten Projekts einen Generalübernehmer an Bord.

Ein Loch für 1.000 Euro

Nach Fertigstellung des Rohbaus gab es ein böses Erwachen. Es stellte sich heraus, dass Schlitze und Durchbrüche für Wasser- und Abwasserrohre, für Heizung und Elektrik nicht am richtigen Ort waren und TÜV-Abnahmen fehlten. „Wer zahlt das eigentlich?", fragte sich Seelige-Steinhoff. „Da merkten wir, hier stimmt etwas grundsätzlich nicht." Vor seinem geistigen Auge erschien schon eine Bauruine.

„Schließlich gab es fünfhundert Anträge für nachträgliche Bohrungen", schildert Seelige-Steinhoff auch heute noch fassungslos. Ein Loch kann dann schon mal 1.000 Euro kosten. Wegen des Brandschutzes müssen alle Öffnungen wieder sorgfältig verschlossen werden.

Da verlegte Seelige-Steinhoff seinen Arbeitsplatz kurzerhand auf die Baustelle, verbrachte 40 bis 50 Stunden in der Woche zwischen Beton, Stahlträgern und Rohrleitungen. Er kannte alle Zahlen und den Verlauf jedes Kabelstrangs. Nur so konnte er in einem Kraftakt einen „fairen menschlichen und finanziellen Ausgleich" mit dem Generalübernehmer erreichen. Schließlich wurde das Hotel nach zwölf Jahren Zitterpartie mit Prozessen und drei unterschiedlichen Konzepten doch noch fertiggestellt. Inzwischen ist der Ärger fast verflogen. Die Auslastung liegt im ersten Jahr statt der geplanten 61 Prozent bei zirka 66 Prozent. „Nun hat sich alles gelohnt", resümiert Seelige-Steinhoff erleichtert.

„Man darf sich nicht zu sehr davon einnehmen lassen, sonst bekommt man Magengeschwüre", lautet sein Fazit, und er lässt sich nicht abschrecken. Die nächsten Projekte sind schon in Planung: Das Kinderhotel Waldhof in Trassenheide soll 2019 fertiggestellt werden. Danach soll in Bansin neben dem Kaiserstrand ein Aparthotel mit Suiten entstehen. Einsprüche will er im Vorfeld klären. Der Traum von Ayurveda an der Ostsee bleibt jedoch unerfüllt.

Ungeplant Geschäftsführer

Um seine Pläne zu realisieren, steht Rolf Seelige-Steinhoff morgens um sechs Uhr auf, geht zweimal in der Woche joggen, ist gegen 7.30 Uhr im Büro. Seine Arbeitskleidung ist der dunkle Anzug mit Krawatte. Er trägt eine Edelstahlbrille und fährt einen schwarzen 7er BMW. Sich selbst bezeichnet er als Workaholic, der an sechs bis sieben Tagen im Büro ist, als würde er nichts anderes kennen.

Doch sein Einstieg in die Hotellerie war alles andere als vorhersehbar. Seine Eltern, Burghardt und die Niederländerin Jeanne Seelige-Steinhoff, betrieben mehrere Schuhfabriken. Sohn Rolf wurde 1963 in Beckum/Westfalen geboren. Er wuchs mit seiner jüngeren Schwester und seinem jüngeren Bruder behütet auf. Seinen Vater beschreibt er als „Deutsche Eiche" und absolut zielorientierten Menschen: „Wenn er sagte, wir gehen durch die Ostsee, dann gingen wir durch die Ostsee." Dazu gehörte aber eine ausgeprägte soziale Einstellung. Mit 19 Jahren war der Vater für vierhundert Mitarbeiter verantwortlich.

Rolf Seelige-Steinhoff ging beruflich seinen eigenen Weg und legte ein Diplom in Elektrotechnik an der RWTH Aachen ab. Ohne Wissen seiner Eltern begann er dann noch ein Parallelstudium der Betriebswirtschaftslehre. In Tansania arbeitete er ein halbes Jahr auf einer Sisal-Plantage und bekam dann ein Praktikum bei Siemens in München. Mit leuchtenden Augen erzählt er von seiner Laser-Forschung als junger Mann in einem Sicherheitslabor, der die Zeit vergaß und 60 Stunden in der Woche teils bis spät in die Nacht hinein arbeitete. Damit verscherzte er es sich bei einigen Kollegen. Er verzweifelte an den verkrusteten Strukturen, in denen sich einige Konzernmitarbeiter auf der Arbeit erst einmal um private Dinge kümmerten und ihn auflaufen ließen.

Die deutsche Wende 1989 kam wie gerufen. Jetzt gab es etwas zum Anpacken. Sein Vater, der im Verwaltungsrat des Robinson Clubs Baobab in Kenia saß und gute Kontakte zu Reiseveranstaltern hielt, bekam 1991 den Auftrag, eine Machbarkeitsstudie für eine ehemalige Gewerkschafts-Ferienanlage mit 720 Betten auf Rügen auszuarbeiten. Das Engagement entwickelte sich so weit, dass der Senior das Projekt selbst übernehmen wollte. Er wurde schließlich als einer von 28 Bewerbern um das Projekt von der Gemeinde Binz eingeladen und präsentierte seinen Plan. Während alle anderen mindestens ein Jahr Vorlaufzeit bis zum Neustart der renovierungsbedürftigen Herberge planten, versprach er am 16. Mai 1991 die Eröffnung des Hotels für den 14. Juni, also vier Wochen später. Die Stadträte staunten und stimmten zu. Rolf Seelige-Steinhoff erinnert sich: „Wir hatten keine Mitarbeiter und keine Bettwäsche. Ich stand vor meiner letzten BWL-Prüfung, und mit meinem Vater zusammen planten wir zwei Jahre Aufbau Ost. So bin ich unversehens Geschäftsführer einer Hotelgesellschaft geworden."

„Der Ehemann von Sissi"

Wie durch ein kleines Wunder gelang das Projekt und wurde unter dem Namen Strandhotel Rügen bekannt. Es war nach der Wende eine der schnellsten erfolgreichen Investitionsmaßnahmen in den neuen Ländern.

Das sprach sich herum, und so kam die Treuhand auf die Familie zu. Sie bot ihr auf der Nachbarinsel Usedom ein Objekt nach dem anderen an.

Ursprünglich wollte Rolf Seelige-Steinhoff seinen Ausflug nach Ostdeutschland auf zwei Jahre begrenzen. Das versprach er auch seiner künftigen Frau Bettina, einer BWL-Studentin aus Belgien. Die Ereignisse auf Usedom bekamen aber eine Eigendynamik. 1992 rückte er also von Rügen aus noch ein Stückchen weiter nach Osten auf die zweitgrößte Insel Deutschlands und pendelte fortan alle zwei Wochen die etwa 1.000 Kilometer lange Strecke zu seiner Verlobten.

Bettina Seelige-Steinhoff erinnert sich noch gut an die harte Zeit und erzählt von einer Aufbruchstimmung: „Die Projekte haben mich gleich begeistert.“ Von den Objekten auf Rügen trennte sich die Familie 1994. Das Unternehmen auf Usedom, die Seetel Hotel GmbH und Co. Betriebs-KG, blieb im Familienbesitz. Ehefrau Bettina macht die Buchhaltung, Mutter Jeanne ersetzt, wenn Not am Mann ist, auch noch mit über 80 Jahren den einen oder anderen Hotelchef, die Geschwister sind Mitgesellschafter. Der Vater starb 2010.

Seelige-Steinhoff steckt voller Anekdoten, und wer ihm bei Besichtigungstouren folgt, hat Mühe, Schritt zu halten. Mit ausladenden Gesten erklärt der 1,91 Meter große Mann die Bedeutung der Kaiserbäder. Geduldig beschreibt er Architektur und Historie – und dass schon der österreichische Kaiser Franz Josef I. im Ahlbecker Hof zu Gast war. „Das war der Ehemann von Sissi“, fügt er hinzu, als er das Stirnrunzeln bei seinem Gegenüber sieht. Heutzutage profitiert die Insel vom boomenden Deutschland-Tourismus. Mit dem Ergebnis der Seetel-Gruppe, das er größtenteils für seine nächsten Projekte nutzt, ist er „sehr zufrieden".

Liebe, Respekt, Sinn

2013 entwickelte die Familie ein Wertekonzept, Großkonzerne würden vom Markenkern sprechen. Dazu einigte sich der engste Kreis auf die drei Begriffe: Liebe, Respekt, Sinn. „Das ist die Botschaft, auf die wir das Führungspersonal und nach und nach alle Mitarbeiter festlegen wollen. Danach handeln wir." Dieses Vorgehen nach dem Total Quality Management ist nicht üblich für Familienbetriebe dieser Größenordnung. „Die Menschen haben ein großes Wertebedürfnis", erklärt Seelige-Steinhoff. „Wir müssen uns für die Zukunft wappnen, denn das Einzige was stetig ist, ist die Veränderung. Dazu brauchen wir eine Grundlage, auf die wir uns einigen können."

Andere Unternehmen haben als Werte gewählt: Verantwortung, Mut, Heimat, Vertrauen, Exzellenz oder Leidenschaft. Liebe ist nur selten dabei. Warum setzt Seetel darauf? „Liebe ist ohne Vertrauen und Leidenschaft nicht möglich, Respekt nicht ohne Verantwortung", erklärt Seelige-Steinhoff. Zum Begriff Sinn gehören für ihn auch die menschlichen Sinne, die durch Hotels und Gastronomiebetriebe angesprochen werden. Für manche Mitarbeiter klingt die Botschaft aber noch weit hergeholt und löst eher Schulterzucken aus.

Mit diesem Leben wären die meisten Menschen ausgelastet. Nicht aber Rolf Seelige-Steinhoff. Er holte während der Aufbauphase auf Usedom seinen zweiten Diplomabschluss in BWL nach, den Stoff sog er nachts in sich auf. Seither ist er „Doppel-Dipl". Außerdem engagiert er sich als „guter Geist von Usedom" in vielen Ehrenämtern wie im DEHOGA, er ist Wirtschaftsbotschafter von Mecklenburg-Vorpommern, Mitglied im CDU-Wirtschaftsrat und im Deutschen Industrie- und Handelskammertag, und er ist Vorstandschef des Netzwerks Wirtschaft, Wissenschaft und Tourismus in Vorpommern. Hinzu kommt der Vorsitz des Fördervereins Usedomer Musikfestival und Literaturtage sowie Vorstand des Hotelverbands IHA.

Seelige-Steinhoff ist bekannt für faire Mitarbeiterführung, hilft schon mal mit einem Kredit aus oder vermietet Wohnungen an Angestellte. Gemeinsam mit seinem General Manager entwickelte er ein Azubi-Casting, um mehr Bewerber zu bekommen, und erhielt dafür den Willy Scharnow-Preis auf der ITB in Berlin 2014 sowie den Sonderpreis beim Deutschen Tourismuspreis 2014. Seine Mitarbeiter können zu bestimmten Zeiten die Seetel-Einrichtungen nutzen, einmal im Jahr lädt er sie gegen eine geringe Gebühr nach Mallorca ein. 2015 wurde er zum Hotelier des Jahres der AHGZ gewählt.

„Ich bin der blaue Typ"

Dann überrascht er plötzlich mit unerwarteten Ansichten. „Ich bin ein typischer Skorpion", erwähnt er. Glaubt der Chef von mehr als fünfhundert Mitarbeitern in seinen Betrieben mit einem Jahresumsatz von mehr als

31 Millionen Euro an Astrologie? „Ich habe in meinem Leben die Erfahrung gemacht, dass man nicht alles berechnen kann. Es geht um Physik und Transzendenz.“

Die Eigenschaften des Skorpions träfen zu 80 Prozent auf ihn zu, hat er festgestellt. Laut Horoskop setzen sich Skorpione mit vollem Herzblut für ihren Partner und die Familie ein, in beruflichen Dingen geben sie Vollgas. Sie haben einen eisernen Willen, den sie bedingungslos einsetzen. Der Skorpion ist standfest, knallhart und stabil, aber an ihm prallt auch vieles ab. Affekt kann eine große Rolle spielen. Bekannte Skorpione sind Friedrich Schiller, Martin Luther, Charles de Gaulle, Bill Gates, Widerstandskämpfer Claus Schenk Graf von Stauffenberg und der indische Guru Sai Baba.

Mit der Farbenpsychologie von Max Lüscher hat sich Seelige-Steinhoff ebenfalls beschäftigt. „Ich bin der blaue Typ“, erklärt er. Die Skala reicht vom analytischen blauen Typus über introvertierte Grüne, gelbe Kommunikationskünstler und rote Führungspersonen. Eigentlich vereinigt er mit Ausnahme von Grün alle Farbtöne in Grell auf sich. Aber wenn er über seinen verstorbenen Vater spricht, ist seine Sensibilität zu spüren und wie sehr er ihn vermisst. Seine Stimme wird brüchig, liebevoller Respekt liegt in der Luft.

„Tsunami ist lösbar“

Sein Selbstvertrauen reicht bis zur Unerschrockenheit. „Stecken Sie mich in die Wüste und ich schaue, was wir machen“, sagt er durchaus glaubwürdig. Angst – etwa vor

Katastrophen oder Krankheiten – kennt Seelige-Steinhoff nicht, aber er hat Respekt davor. „Wenn hier ein Tsunami drüberrollt, dann lösen wir das Problem. Wenn ein Tanker untergeht, dann finden wir auch eine Lösung." Er nähert sich diesen Themen analytisch, treibt viel Sport, ernährt sich ausgewogen und gesund, er lässt sich regelmäßig beim Arzt durchchecken. Kaffee trinkt er nicht. Seine Gesundheit ist von übergeordneter Bedeutung. Für den Fall, dass dem wesentlichen Hotelunternehmer und Schuldner in der Region etwas zustoßen sollte, sind Vorkehrungen getroffen. Vermutlich kennt er nicht viele Menschen, mit denen er sein unerschöpfliches Wissen vom Stromleitungsbau in Afrika über exaktere Buchführungsstandards bis zur Leidenschaft für Lamborghini auf Augenhöhe diskutieren kann. Der Usedomer ist das Gegenteil einer Inselbegabung.

Was fällt ihm zum Thema Familie ein? Antwort: „Das Wichtigste, was es gibt.... Mitarbeiter gehören auch dazu." Dabei verrät er auch eine Schwäche: „Ich rede mir oft ein, dass es nicht möglich ist, mehr Zeit für die Familie aufzubringen." Mit seinem Sohn Thomas im Teenageralter fährt er gern Enduro im Sand. Von ihm erwartet er, dass er wie der Vater in die Welt hinausgeht, bevor er in den elterlichen Betrieb einsteigt, wenn er es später noch wie bisher möchte.

Das Tennisspielen hat er aufgegeben. Wenn er mal Zeit hätte, würde er gern einen weiteren Berg besteigen. Auf dem Gipfel des Kilimandscharo war er schon. Vor einiger Zeit hat er mit befreundeten Ehepaaren eine 2.400 Kilometer lange Motorradtour von Seattle nach San Francisco gemacht. Ein weiteres Hobby ist die Genealogie – „Ahnenforschung“, wie er gleich hinzufügt. Seine Familie kann er bis Ende des 13. Jahrhunderts zurückverfolgen.

Immer wieder kommt er auf die indische Lehre um das Wissen vom Leben zu sprechen, die ihn fasziniert. Er berichtet von einem befreundeten Ayurveda-Arzt aus Abu Dhabi, der anrief, kurz nachdem sein Vater gestorben war. Er konnte von dem Todesfall noch nichts wissen und sagte aus 7.000 Kilometern Entfernung ins Telefon: „Rolf, es ist etwas passiert. Was ist los?“

BRITTA KUTZ

Leben im Überall

Eine internationale Karriere und Familie – geht das? Die Hotelmanagerin Britta Kutz bringt beides unter einen Hut. Nun setzt sie sich im Hotel InterContinental in Düsseldorf für die bessere Vereinbarkeit von Elternzeiten und Beruf ein.

Das Leben als berufstätige Mutter kann eine Achterbahnfahrt sein. Diese Erfahrung machte die Hotelmanagerin Britta Kutz, als sie mit ihrem Ehemann und ihrer Tochter im Jahr 2011 von Köln nach Singapur zog. Im dortigen 5-Sterne-Hotel InterContinental wartete eine anspruchsvolle Aufgabe auf sie als stellvertretender General Manager. Zusätzlich belegte sie ein firmeninternes Fortbildungsprogramm.

Vater Sven kümmerte sich um die gemeinsame Tochter Jana. Für sie begann im Alter von zwei Jahren in Südostasien der Kindergarten. Die Familie lebte im dritten Stock einer Apartmentanlage mit Swimmingpool und Fitnesscenter, daneben lag Pat's Schoolhouse im Mount Emily Park. In der Tagesstätte sprachen die Betreuerinnen chinesisch und englisch. Jana hatte gerade angefangen, einfache Sätze auf Deutsch zu sagen, als sie zur Eingewöhnung in die „pm-Group" am Nachmittag kam.

Nach der ersten Woche war die Ernüchterung groß: Jana verstand in der internationalen Kindergruppe kein Wort. Eines Abends stellte sie traurig fest: „Ich bin dumm." Die Sprachbarriere beim Kita-Start war zu hoch, ein Schock für die Eltern. „Da hat man mein Herz brechen hören. Ich dachte: Was tun wir dem Kind bloß an?", erinnert sich Kutz. „Aber sie herauszuholen war keine Option, wir mussten da durch."

Die Betreuerinnen kümmerten sich liebevoll um die Zweijährige, und die Familie war in der glücklichen Lage, dass der Vater zu Hause war. Das Durchhalten lohnte sich: Nach sechs Wochen begann Jana, englisch zu sprechen. Später plapperte sie munter drauf los und die Gefühlslage drehte sich komplett, wie Kutz berichtet: „Wir waren so stolz. Wir hatten doch alles richtig gemacht."

Was so schwierig begann, verwandelte sich in einen Erfolg: Jana geht in Deutschland auf die Internationale Schule. Sie hat gute Erinnerungen an Asien, ist selbstbewusst, liest erste Bücher in zwei Sprachen. Inzwischen bescheinigte ihr eine amerikanische Lehrerin sogar, dass sie das beste Englisch in der auslandserfahrenen Familie spricht.

Kann ich nicht, gibt es nicht

Furchtlos in neue Herausforderungen gehen und mit dem Besten rechnen – das lernte Britta Kutz schon in ihrer Kindheit. Sie wuchs in Köln behütet auf, hatte tolle Eltern und wählte den Schwerpunkt Papa-Kind. „Mein Vater hat mir immer vermittelt, dass man als Frau alles machen kann." Wie das genau gemeint war, führte er ihr im Freibad in Frechen auf dem Zehn-Meter-Brett eindrucksvoll vor. „Dort sagte er: ‚Kann ich nicht, gibt es nicht', und dann schubste er mich hinunter", erzählt Kutz. Das letzte Quäntchen Anstoß für die Mutprobe hatte ihr gefehlt. Seither wagte sie öfter den Sprung ins Ungewisse und hält sich bis heute an dieses optimistische Motto. So gelang es ihr, auch ohne Studium eine internationale Karriere zu starten und dabei eine Familie zu gründen.

Die 1972 geborene Britta Kutz sieht sich als Weltbürgerin, ihre Familie hat viele lebenswerte Orte gefunden, und zum Glück scheiterte ihr erster Lebensplan. „Ursprünglich wollte ich Prinzessin werden und den Prinzen von

Holland heiraten", erzählt sie. Als Grundschülerin sang sie in einer Radiowerbung für eine Kartoffelsorte. Die Verse kann sie noch heute aufsagen: „Bintje ist die feine, von außen immer reine, gesunde gelbe Esskartoffel, die uns schmeckt…". Singen ist nach eigener Einschätzung zwar nicht ihre Stärke, aber die Liebe zur Kartoffel ist geblieben.

Den Erstkontakt mit der Branche hatte sie im Luxushotel Carlton InterContinental an der Cote d'Azur. In dem Haus mit Blick auf die Bucht von Cannes hatten in den 1950er Jahren unter anderem Kim Novak, Claudia Cardinale, Sophia Loren und Gina Lollobrigida den Verkehr lahmgelegt, wenn sie sich auf einem Balkon zeigten. Grace Kelly traf dort Prinz Rainier von Monaco zum Fotoshooting. Die Welt vor und hinter den Kulissen zog Britta Kutz in ihren Bann.

Und so machte die Zehntklässlerin ein Praktikum im Regent Hotel in Köln. „Ich polierte nur Teller, Besteck und Gläser. Aber es fühlte sich richtig an." Von da an wusste sie, dass sie eine Hotel-Ausbildung machen möchte. Das Abi absolvierte sie im Mädchengymnasium in der Liebfrauenschule mit einer Zwei und fing dann die Lehre als Hotelfachfrau im Hyatt Regency an. Die Stelle besorgte sie sich aus eigener Kraft. Wie so oft war es eine Bauchentscheidung. So begann Britta Kutz ihr Leben voller Abschiede und Ankünfte.

Ihren einundzwanzigsten Geburtstag feierte sie nach ihrer Ausbildung bereits in London, wo sie im damaligen Hyatt Carlton Tower an der Rezeption arbeitete. Sie kämpfte anfangs mit Heimweh. Erst später stellte sich heraus: Bei den ersten Telefonaten mit zu Hause unterdrückten Mutter und Tochter ihre Tränen, sie weinten erst hinterher. Ihre Unterkunft beschreibt Kutz als Bruchbude mit Oberlicht, immerhin in guter Lage am Harriet Walk zwischen Hyde Park, Harrods, Hard Rock Cafe und Buckingham Palace. Ihr Wecker war ein Flaschencontainer, der morgens um fünf Uhr geleert wurde. „Ich rate allen, möglichst früh in die Welt hinauszugehen und sich auszuprobieren“, lautet ihr Fazit. „Später wird es immer schwieriger.“

Nach eineinhalb Jahren lockte wieder das Hyatt in Köln, wo sie die Umstellung auf das Softwaresystem Opera vorantrieb. 1997 wurde sie in Hamburg im Hotel Fairmont Vier Jahreszeiten stellvertretende Empfangschefin. Auch dort war sie mit der Umstellung von Handbetrieb auf Computersoftware befasst und traf dabei auf einen Generationenkonflikt. Ihr Vorgesetzter arbeitete lieber mit Papier. „Am Tag, als der Computer Hauptarbeitsmittel am Empfang wurde, war er krank. Der Umbruch war sehr hart für ihn, die Welt hat sich verändert.“

In der Folge wechselte Britta Kutz von der Binnenalster zur Mönckebergstraße, wo ein traditionsreiches Kontorhaus zum neuen Park Hyatt umgebaut und 1998 eröffnet wurde. Der Kontakt lief über Direktorin Madelon Boom, die sie aus Köln kannte. So kam sie zu ihrer ersten Hauptabteilungsleiterstelle und wurde Director of Rooms. Dort organisierte sie für Megastar Michael Jackson eine Einkaufstour im Shoppingcenter nach Ladenschluss.

Es war die Zeit des Lernens: Das Budget bei Neueinstellungen nicht gleich ausschöpfen, öfter mal zu den Leuten ins Büro gehen, statt anzurufen, Teams zusammenstellen, Mitarbeiter bei Entscheidungen mitnehmen und auf die innere Stimme hören. „Wenn der Bauch ablehnt, soll man es nicht machen. Das geht immer in die Hose." Lief etwas schief, hörte sie die „Brittchen!"-Rufe ihrer Direktorin. Eine andere Lektion war, auf sich selbst zu achten. Andere übernehmen diese Aufgabe nicht. Eine Hoteleröffnung ist eine permanente Ausnahmesituation mit Arbeitszeiten von sieben Uhr morgens bis spät in die Nacht. Wer sich nicht selbst mal rauszieht, laugt sich aus. Die Folgen sind Übermüdung, Gereiztheit, Empfindlichkeit.

Danach zog sie ins Rhein-Main-Gebiet. Ihr Freund arbeitete im Hyatt Mainz. Da es für sie dort jedoch keine angemessene Stelle gab, wechselte das Hyatt-Gewächs 2002 – nach mehr als zehn Jahren – die Marke und ging als Director of Guest Relations ins InterContinental Frankfurt. Der Titel klingt gut, aber es war beruflich ein Rückschritt. „Was mich gefuchst hat, war der Machtverlust. In Hamburg war ich fast stellvertretender Direktor, plötzlich hatte ich kaum noch Mitspracherechte." Später wurde sie in dem Hotel mit 770 Zimmern als Director Front Office deutlich aufgewertet. Nach einem Assessment Center galt sie in der InterContinental Hotels Group (IHG), der Mutter von InterContinental und Holiday Inn und eine der größten Hotelgruppen weltweit, als High Potential.

Die Freiheit der Arbeit

Britta Kutz wollte immer in einem internationalen Unternehmen arbeiten, aber nicht auf Familie verzichten. „Das ist keine Entscheidung eines Tages, sondern ein permanenter Prozess“, betont sie. Als sie im InterContinental in Frankfurt den richtigen Lebenspartner traf, entschieden sie, „irgendwann“ eine Familie mit Nachwuchs zu gründen. Aber wie sollte das bei zwei berufstätigen Eltern und den Ambitionen auf eine Karriere im Ausland gehen?

„Das Kinderkriegen war anfänglich zwar schlechtes Timing, aber dann doch die beste Entscheidung meines Lebens“, erzählt Kutz. Die Diskussion in der jungen Familie lief eindeutig: „Ich wollte unbedingt arbeiten und habe damals mehr Geld verdient. So haben wir beschlossen, dass mein Mann die Kinderbetreuung übernimmt. Sven sagte, du kannst arbeiten gehen, ich bleibe zu Hause.“

Als sie schwanger wurde, wohnten sie in Köln. Ihr Mann arbeitete in Frankfurt und sie als Executive Assistant Manager, als Nummer Zwei, im InterContinental der Domstadt am Rhein. Sie stand auf der Liste für ihre erste Direktorenstelle an einem anderen Ort, aber der Wechsel wurde wegen ihrer Schwangerschaft im gegenseitigen Einverständis abgesagt. Kutz versteht die Sicht des Arbeitgebers, der vor allem im Blick hat, dass der Betrieb läuft. „No hard feelings“, kommentiert sie.

Nach der Geburt von Jana 2009 blieb Britta Kutz nur drei Monate zu Hause, dann übernahm ihr Mann die Kindererziehung komplett. „Ich fand die Zeit daheim echt anstrengend“, erzählt Kutz. „Bis Sven abends nach Hause kam, richtete sich alles nach dem kleinen schreienden Bündel. Arbeiten war dagegen Freiheit. Da war ich selbstbestimmt und glücklich.“ Nach ihrer Beobachtung laufen Mütter im Job oft zu Hochform auf, weil sie ihren Tag effektiver gestalten müssen. Sie haben keine Zeit für endlose Meetings und unwichtige Termine. „Was man vorher in 14 Stunden geschafft hat, geht dann in acht Stunden."

Zwei Chefs im selben Hotel

Britta Kutz hatte – wie viele berufstätige Mütter – im Alltag den Drang, es allen recht machen zu wollen: ihrem Kind, ihrem Ehemann, dem Arbeitgeber. Frauen müssen jeden Tag aufs Neue aktiv für die Kombination Arbeit und Kind eintreten. Das sind die ***Jahre der Entscheidung.*** Das Resümee von Britta Kutz lautet: „Es ist unmöglich, eine perfekte Mutter zu sein, aber durchaus möglich, eine großartige Mutter zu sein. Auch mit Job."

Ihre Station im damaligen InterContinental am Heumarkt in Köln mit 250 Zimmern und zwölf Suiten wurde die längste in ihrer bisherigen Karriere. Nach dem Ausscheiden des Direktors stieg Britta Kutz zum „Acting GM" (General Manager) auf. Das Haus gehörte jedoch Dorint, und die deutsche Kette wollte daraus ihr neues Flaggschiff in Köln machen. So zog sich InterContinental zurück. Als es in den Wirren plötzlich zwei Chefs gab, stieg Kutz in Köln aus.

Zu dieser Zeit zeichnete sich am Horizont schon das Angebot von InterContinental aus Singapur ab. „Wenn nicht jetzt, wann dann?", fragte sie sich. „Ich bin dann aus meiner Komfortzone rausgegangen." Die Familie siedelte 10.000 Kilometer nach Südosten um, an die Spitze der malaiischen Halbinsel, vom gemäßigten Klima am Niederrhein in die tropische Zone des Tigerstaates mit rund

30 Grad Tag- und Nachttemperatur sowie gefühlten 300 Prozent Luftfeuchtigkeit.

In Singapur hatte Britta Kutz eine Chefin, die selbst zwei Kinder aufzog. Die Arbeit im 307 Zimmer großen Hotel musste erledigt werden, aber es gab Spielräume. So wurde der Laptop zu ihrem ständigen Begleiter, wenn sie abends den Hotel-, Einkaufs- und U-Bahnkomplex Bugis Junction verließ. Wenn ihr Kind eingeschlafen war, weckte sie den Computer und schrieb Mails. Begrüßungskarten für wichtige Gäste wurden öfter zu Hause verfasst.

Schon nach einem Jahr endete der Vertrag in Singapur. Aus ihrem Urlaub in Deutschland flog sie an ihrem vierzigsten Geburtstag für einen Tag nach Bangkok zum Vorstellungsgespräch ins Mandarin Oriental und sie bekam ein Angebot für ihre erste GM-Stelle: Es war das InterContinental-Resort in Hua Hin, dem thailändischen Badeort mit der Sommerresidenz der Königsfamilie.

Telefonat auf dem Rollfeld

Die Vorlaufzeit für die Übersiedlung betrug zwei Monate. Das Leben änderte sich wieder komplett, als sie die geschäftige Hochhausstadt Singapur mit dem Touristenort am Golf von Thailand tauschte. „Wir wohnten im Hotel, waren Teil davon. Alle wussten alles über uns, wenn mal der Haussegen schief hing, verbreitete sich das sofort." Es war eine große Familie mit allen Vor- und Nachteilen. Jana, blonde Haare und blaue Augen, hatte plötzlich 250 Tanten und Onkels. Vater Sven spielte mit den Bellboys Fußball. „Da muss man sich darauf einlassen können."

In Hua Hin übertraf sie alle Benchmarks und wurde 2013 InterContinental-Managerin des Jahres. Ein Höhepunkt ihrer Karriere. „Wenn mir ein Ort ans Herz gewachsen ist, dann ist es Thailand." Trotzdem kam die Familie 2015 zu dem Ergebnis: „Wir sind noch zu jung, um hier zu bleiben. Viele sind dort hängen geblieben, aber wir wollten weiter." Hinzu kam ein Unbehagen mit der Frauenrolle. „Das Aussehen steht in Thailand ganz oben. Schon Dreijährige werden geschminkt und mit High Heels ausgestattet. Ich sage meiner Tochter, dass sie schlau ist, liebevoll und witzig. Ich wollte nicht, dass sie in einer Umgebung groß wird, in der es oft nur ums Aussehen geht."

Der nächste Wechsel kam erst in letzter Minute. Statt wie geplant Australien kristallisierte sich während einer längeren Übergangsphase die drittgrößte indonesische Stadt Bandung als neuer Arbeitsort heraus. Obwohl es nicht die Wunschdestination war, ignorierte Kutz bewusst ihr Bauchgefühl und die Familie zog auf die Insel Java zwischen Vulkane. „Die berufliche Herausforderung gefiel mir, aber es war mir klar, dass dies keine Destination für lange Zeit sein würde. Darüber waren IHG und ich uns von Anfang an einig." Kurz vor der Rückkehr aus einem Urlaub erhielt sie eine Nachricht, dass in Deutschland der Nachfolger eines GM gesucht werde. Noch auf dem Rollfeld meldete sie am Telefon ihr Interesse an.

Die Verbindlichkeit von Absprachen

So kam sie im Oktober 2016 nach Düsseldorf, wo sie nun, nach drei Ländern in fünf Jahren, länger bleiben möchte. „Jetzt geht es um Janas Schulzeit, das ist eine wichtige

Phase." Die Chancen stehen grundsätzlich gut. Sie ist nach Ronald Hoggerbrugge, Jörg Böckeler, und dem Eröffnungsdirektor Robert Herr erst die vierte Chefin des 2005 eröffneten Hauses. Ein bisschen Exotik ist erhalten geblieben: Morgens auf dem Weg zur Arbeit fliegen „Kö-Papageien" laut zwitschernd durch die Luft. Die grünen Vögel haben sich vor Jahrzehnten im milden Klima der Landeshauptstadt angesiedelt.

Britta Kutz will die Vereinbarkeit von Familie und Beruf verbessern. Das ist aber nicht nur die Sache des Arbeitgebers. „Frauen müssen verbindlicher werden", betont Kutz. „Sie müssen darüber nachdenken, wie es wirkt, wenn sie sagen, sie kommen nach einem halben Jahr zurück, und schieben das dann Jahr um Jahr hinaus. Man muss dem Arbeitgeber gegenüber fair bleiben und ihm Planungen ermöglichen."

Während Schwangere oft die Abteilung wechseln müssen, sucht Kutz nach Lösungswegen. So stellte sie der Empfangschefin eine starke Stellvertreterin zur Seite, damit sie auch als werdende Mutter in dieser Position bleiben konnte. „Man muss das richtige Konstrukt finden und Müttern signalisieren: Du bist nicht weg vom Fenster." Sie ist keine Freundin starrer Pläne, setzt aber auf klare Absprachen. „Jede Frau soll das Recht haben zu entscheiden, wann sie wieder arbeiten möchte. Aber sie soll dazu stehen. Das sehe ich als Mutter, Frau und Arbeitgeber so." Ihr Appell an die Frauen lautet: „Überlegt euch, was ihr machen wollt, und haltet euch dran."

ART NO : 8326,382
M L XL
BLUE
25h
VENTY FIVE HOURS
HOTEL FRANKFURT
TAILORED BY

CHRISTOPH HOFFMANN

Der Mann mit der Extra-Stunde

Christoph Hoffmann ist der Popstar der Hotellerie. Er hat die Bedeutung des lokalen Marktes für die Branche erkannt und den Urban Lifestyle salonfähig gemacht. Die vielerorts eingeschlafene Hotelgastronomie wurde von ihm wachgeküsst.

Es ist ein grauer Nebeltag im November 2016 in Paris. Morgens hat es kurz geschneit, am Mittag ist die Stadt kalt und nass. Im 23. Stock der futuristischen Zentrale des Hotelkonzerns Accor wartet eine Handvoll französischer Journalisten auf einen für sie unbekannten Gast aus Deutschland: Christoph Hoffmann, den CEO der 25hours Hotel Company.

Die Hammer-News des Tages wird lauten: Der größte europäische Hotelkonzern, Accor, übernimmt 30 Prozent der deutschen Kreativschmiede 25hours und blättert dafür rund 35 Millionen Euro auf den Tisch. Aber noch ist die Nachricht nicht raus. Hoffmann verspätet sich, bleibt im Verkehr stecken.

Es ist der ***Tag der Entscheidung***, aber für viele erscheint das Thema auf den ersten Blick ähnlich nebulös wie die Wetterlage. Plötzlich macht eine Meldung des deutschen Bundeskartellamts über einen „Anteils- und Kontrollerwerb" von Accor S.A. über 25hours die Runde. Damit hat keiner gerechnet, alle sind verblüfft. Erste Medien fragen an, was es damit auf sich hat. Nun droht das sorgfältig gehütete Geheimnis vorzeitig aufzufliegen.

Doch dann kommt Hoffmann. Braun gebrannt wie immer. Seine dunklen Ringellocken schlängeln sich über die Stirn bis zur Panto-Brille im Stil der 1920er Jahre. Er legt seinen orangefarbenen Schal ab. Das hellblaue Hemd hängt lässig über seine graue Hose, darüber trägt er ein legeres blaues Sakko. Und natürlich hat er keine Krawatte um. Selbst die sonst im perfekten Businesslook auftretenden Accorianer verzichten auf einen Binder. Hoffmann prägt den Stil, füllt den Raum. Gleich beim

Eintreten parliert er locker in Englisch über gutes Essen und sammelt Sympathien, als er sagt: „Bis heute haben wir mit 25hours nur Freude gehabt." Dann erklärt er seine Philosophie: „Wir sind keine standardisierte Hotelgruppe, denn wir kreieren jedes Mal eine neue Welt, wenn wir ein Hotel machen." Nun gehe es darum, für die weitere globale Expansion in Sydney oder Bankgkok den richtigen Partner zu finden. Hoffman kommt gut an, wird ernst genommen, weil er sich selbst nicht so ernst nimmt.

Später kommt der mächtige Accor-Chef Sébastien Bazin hinzu, und die beiden machen sich gut gelaunt Komplimente. Accor hat mehr als 4.000 Hotels, 25hours kommt auf zehn Häuser in Hamburg (3), Frankfurt (2), Zürich (2), Berlin und München, in Paris hat das Unternehmen ein Mercure am Gare du Nord übernommen, das 2018 als echtes 25hours eröffnen soll. Bald kommen noch Köln und Düsseldorf hinzu. Abschlüsse gab es auch in Miami, Florenz und Venedig. Die Kreativ-Maschinerie läuft. In Barcelona, wo 25hours schon einen Pachtvertrag hatte, gibt es allerdings ein Moratorium für alle Hotelprojekte.

Geschichten sind wichtig

Zur DNA der jungen Hotelgruppe gehört es, lokale Geschichten zu erzählen und maßgeschneiderte Konzepte zu verwirklichen. Der Slogan lautet: „Kennst Du eins, kennst Du keins." Individualität wird groß geschrieben.

„Viele Hotels sind austauschbare Produkte", kritisiert Hoffmann. „Sie sehen am Ende des Tages alle gleich aus und haben keine Seele, weil sie zu vielen Gesetzen folgen müssen, dem Budget, der Finanzierung, dem Energiekonzept, dem Brandschutz. Unser Vorgehen, mit Bargeld auf dem Flohmarkt Einrichtungsgegenstände zu kaufen und Dinge zusammenzubasteln, ist für Developer zunächst ein Albtraum, und eine Horrorvorstellung für jede finanzierende Bank."

Die 25hours-Häuser in Hamburg haben als lokales Thema natürlich mit dem Hafen zu tun, wie das Hotel Altes Hafenamt, dem einzigen historischen Bau in einer aus dem Boden gestampften Stadt aus Stahl und Glas. In dem 1885 errichteten Gebäude trifft der Geist des Hafenmeisters auf die junge Urbanität der Gegenwart. Viele historische Details sind eingearbeitet, wie die original Türblätter der Amtsstuben, die als Kopfteil mancher Betten dienen.

In Frankfurt liegt ein 25hours neben der Levis-Zentrale. Dort dreht sich die Story um den deutsch-amerikanischen und jüdischen Industriellen Levi Strauss, der die Jeans erfand. Im dem anderen Frankfurter 25hours an der Hanauer Landstraße hat Hoffmanns Geschäftspartner Ardi Goldman 49 Freunde und Wegbegleiter eingeladen, als Paten jeweils ein Zimmer zu gestalten. Folgerichtig trägt das Hotel den Namenszusatz The Goldman. „Das Haus erzählt 49 Geschichten", erklärt Hoffmann. „Es geht uns darum, ein Drehbuch zu schreiben für Hotels. Das Erzählen von Geschichten wurde uns immer wichtiger. Derweil hat man fast den Eindruck, dass inzwischen jedermann Storytelling entdeckt hat. Mal schauen, wo das hinführt. Jedenfalls dürfen wir uns nicht auf unseren Lorbeeren ausruhen."

Start der Hotelmarke war in Hamburg. Dort sorgte der geniale Hotelier Kai Hollmann mit dem ersten Designhotel der Hansestadt für Furore: Im Jahr 2000 eröffnete er das Gastwerk, ein umgebautes früheres Gaswerk in Backsteinarchitektur. Mit seinem Motto „Design erleben. Dasein genießen" verließ Hollmann schon zur Jahrtausendwende die Pfade der Standardhotellerie. Das Haus war fortan Treffpunkt der hippen Städter, die gern Führungskräftetagungen, ungewöhnliches Design und schickes Essen miteinander verbanden. Gleich in der Nähe entwickelte er 2003 das 25hours Number One, den Prototyp. Die Zeit für Hotels einer neuen Generation war reif.

Zwei Jahre später setzten sich vier Geschäftsleute an einen Tisch und gründeten die 25hours Hotel Company: Neben Hoffmann, Hollmann und Goldman auch Stephan Gerhard, der damals eines der größten Beratungsunternehmen der Branche leitete, die Treugast. Doch wie kommt jemand auf den Namen 25hours? „Es geht um eine extra Stunde", erklärt Hoffmann. „Aber wir haben die Frage nie beantwortet, wozu sie da ist. Wir wollen nicht zu ernst sein. Es ist ein guter Name, um eine internationale Marke zu werden."

Die schönsten Toiletten

Hoffmann fand schon früh Gefallen an Hotels und Restaurants, an gutem Essen, Wein und romantischen Übernachtungsmöglichkeiten. Er wurde 1965 in Neunkirchen im Saarland geboren. Drei Jahre später übersiedelte die Familie mit ihren vier Kindern nach Reutlingen. Seine Mutter Christine zog die Kinder groß und engagierte sich im Förderverein für krebskranke Kinder, bekam später das Bundesverdienstkreuz. „Ich habe meine Mutter sehr bewundert, war eher ein Mamasohn", erzählt er. „Die Weltenbummlerei war damals noch nicht abzusehen."

Vater Bernhard hatte ein gutes Einkommen als Wirtschaftsprüfer. Im Urlaub besuchte die Familie schöne Hotels, sodass Hoffmann schon als 16-Jähriger eine Rangliste der schönsten Toiletten anlegte. Das Hotel Atlantic in Hamburg lag ganz weit vorn, hatte aber keine Chance gegen das Grandhotel Römerbad in Badenweiler. „Dort habe ich mich zum ersten Mal verliebt, in die Azubine Eva."

In der zwölften Klasse nahm Hoffmann einen Job als Leiter des Weindepots „Der Gallier" im Nachbarort Pfullingen an. Fortan verkaufte er nachmittags und an Samstagen gute Tropfen aus Frankreich, bot Wein- und Käsedegustationen an. Verleger Günther Neske war Stammgast, erzählte von seinen Reisen und brachte ihn mit Prominenten wie Carl Friedrich von Weizsäcker in Kontakt. Er verdiente mehr als 1.000 D-Mark im Monat, das Abi bekam er gerade so hin. Sein Nachfolger ist dort bis heute Didi Holzner, Gitarrist der Schwabenrockband Schwoißfuaß. Der Laden heißt nun Wein-Musketier.

Immer wieder blitzen schöne Jugend-Erinnerungen auf: In Südfrankreich war er mit seinen Eltern angeln, und der Küchenchef bereitete den Fang für das Abendessen zu. „Ich habe die Gastronomie schon immer als Genuss erlebt und geliebt", erinnert sich Hoffmann.

Schockverliebt in New York

Ein BWL-Studium in Mannheim brach er nach drei Monaten ab und absolvierte stattdessen in Stuttgart bei

Orion Interconti Touristik eine Ausbildung als Reiseverkehrskaufmann. „Für meine Eltern war das ok. Sie haben mich immer unterstützt." Am Ende seiner Ausbildung kam er mit der Agentur New World Travel am Stuttgarter Flughafen in Verbindung, die auch eine Vertretung in New York hatte. So entstand die Idee, sich für einen Job in Big Apple zu bewerben. „Ich habe mir den Hintern aufgerissen und dem Geschäftsführer einen Liebesbrief geschrieben. Und plötzlich bekam ich einen Business Class Flug mit Pan Am nach New York. Dort habe ich mich in die Stadt schockverliebt."

Ihn begeisterte die Energie, die Vielfalt, das Miteinander der verschiedenen Ethnien, der Kontrast zwischen Arm und Reich. „Das hat mir mehr Inspiration gebracht als die gesamte schulische Ausbildung." Als er später einen richtigen Arbeitsvertrag für New York bekam, gab es zunächst Visumprobleme. „Ich heulte am Telefon die Mitarbeiter der Behörde an, aber es hat nichts genutzt." So reiste er zunächst ohne Visum nach Manhattan und kam dort in der heruntergekommenen Alphabet City unter. „Eine grausame Wohnung, ich wurde mehrfach ausgeraubt und habe jeden Abend nach meiner Mutter geweint." Sein Englisch war ausbaufähig.

Als er später endlich eine US Green Card hatte, orientierte er sich Anfang der 1990er Jahre zum Beginn des ersten Irakkrieges um und absolvierte ein Hotelmanagement-Studium am Glion Institute of Higher Education in der Schweiz. Von dort fuhr er mit seinem Citroën 2CV nach Israel. Angekommen im Hafen in Haifa, machte er sich mit seinem rot-schwarzen Deux Chevaux mit Reutlinger

Kennzeichen auf den Weg ins Jerusalemer American Colony Hotel, um ein Praktikum zu absolvieren.

Es war die Zeit einer hoffnungsvollen Annäherung zwischen Israel und den Palästinensern mit dem Osloer Friedensvertrag. In der Aufbruchstimmung im Nahen Osten trafen sich jüdische und palästinensische Politiker im Palm Court des Hotels. „Als ich eines Tages Arafat und seine Truppe bediente, fiel mir ein ganzes Tablett mit Kaffee runter. Es gab eine Riesen-Aufregung; danach durfte ich nur noch in der Buchhaltung arbeiten."

Fünf Jahre, fünf Sterne

Schließlich bewarb er sich erfolgreich bei Kempinski für den Sales-Bereich. Entspannte Klamotten waren ab sofort out, mit dem strengen hanseatischen Kleidungsstil freundete er sich nie so ganz an. In der Sales-Abteilung des Kempinski-Hotels Atlantic lernte er 1996 seine heutige Ehefrau Petra kennen und lieben, mit der er die Tochter Paulina hat. Nach einem kleinen Zwischenstopp im Schweizer Bürgenstock Hotel ging er 1997 für fünf Jahre ins damals neu eröffnete 5-Sterne-Hotel Louis C. Jacob von Horst Rahe als Stellvertreter von Hotelchef Jost Deitmar.

In Hamburg traf er Kai Hollmann. „Er war der lässigste und am besten angezogene Hotelier. Bei ihm spürt man, dass er Hotelmanager und Initiator gleichermaßen ist. Ich betrachtete sein Gastwerk mit großer Bewunderung."

Im Restaurant Cox wurde ihm der Frankfurter Immobilienunternehmer Ardi Goldman vorgestellt. Er galt damals als Delfin im Haifischbecken der Immobilienbranche.

„Ich trug einen Cordanzug, den er ganz lässig fand. Er mochte mich von Anfang an und suchte einen Geschäftsführer für ein Hotelprojekt in Frankfurt."

Hoffmann zeigte Interesse und wechselte seinen Job. „Ich sollte eine Finanzierung verhandeln und hatte keinen blassen Schimmer. Bei der Bank hieß es, ich brauche eine Feasibility-Studie." Als der Mitarbeiter Hoffmanns ratlosen Blick in Sachen Durchführbarkeitsstudie sah, gab er ihm die Telefonnummer von Prof. Gerhard von der Treugast. „Da waren zwei Schwaben unter sich", erinnert sich Hoffmann. „Prof. Gerhard kam mit einem schwarzen Daimler mit Stuttgarter Kennzeichen und machte die Wirtschaftlichkeitsberechnung für das geplante 49-Zimmer-Hotel."

Warum hat Hoffmann seine sichere Karriereleiter im Angestelltendasein verlassen? „Ich habe mich immer wohlgefühlt, war aber immer etwas gefangen und konnte mich nicht richtig entfalten. Es ist schwierig für mich, Meinungen zu vertreten, die nicht mit meinen übereinstimmen."

Freiheit und Überzeugung

Das Hotel kam jedoch zunächst nicht zustande. Deshalb konnte ihn Goldman vorerst nicht mehr brauchen, Hoffmann wechselte zur englischen Investorengruppe Aspria, für die er einen hochwertigen Healthclub eröffnen sollte. „Da merkte ich, wie schlimm es ist, für eine Idee zu arbeiten, hinter der ich nicht stehe. Ich war so unglücklich, dass ich sogar zum Psychotherapeuten musste. Nach einem halben Jahr bin ich ausgestiegen. Ich brauche Freiheit und die tiefe Überzeugung für das, was ich mache."

Hoffmann war in einer Umbruchphase. „Ich mäanderte herum und wollte kein Angestellter mehr sein." Er liebäugelte mit einem eigenen Hotel in Südfrankreich. Prof. Gerhard bot Hilfe bei der Wirtschaftlichkeitsberechnung an. An einem Wochenende in der Provence begruben sie die Pläne. Trotz aller mathematischen Dehnungen und vinologischer Gutmütigkeit ließ sich ein Hotel mit nur 14 Zimmern nicht wirtschaftlich rechnen. „Vielleicht später einmal", sagt Hoffmann mit einem Augenzwinkern.

Eine Rückkehr zum Angestelltendasein kam für ihn aber nicht in Frage. „Ich fand die superwichtigen Hoteldirektoren irgendwo zwischen faszinierend und überbewertet." Da kam der Volkswagenkonzern auf ihn zu, der in Kopenhagen zur Präsentation des VW Fox ein neues Hotel entwickeln wollte. Erste Ideen wurden mit einem Kollektiv von Hotelfachschulen bei einem Workshop entwickelt. Dazu benötigte Hoffmann eine Jury zur Bewertung der Vorschläge und rief Hollmann, Gerhard und Goldman an. Heraus kam ein smartes Konzept, eine coole und äußerst trendige Unterkunft. Bei einem weinseligen Wochenende Anfang 2005 in Dänemark entstanden Ideen für das gemeinsame Unternehmen 25hours Hotel Company.

„Alle anderen hatten schon ihr eigenes Business. Ich war noch auf der Suche und wurde der Geschäftsführer. Von Anfang an hatten wir das Ziel, mit 25.000 Euro Stammkapital organisch zu wachsen." Es begann eine kreative Zeit. „Ich lebte auf Sylt, weil Petra eine kleine Wohnung dort hatte. In den ersten beiden Jahren habe ich vieles im Strandkorb entwickelt." Ein klassisches Büro hatte er nicht und niemand dachte daran, dass die GmbH elf

Jahre später nicht nur sehr profitabel, sondern auch mehr als 100 Millionen Euro wert sein würde. Die Ideen wurden zur Geldmaschine.

Zwischen Spaß und kneifendem Budget

Wie sollten die neuen Hotels aussehen? „Ich habe die meiste Zeit meines Berufslebens in Luxushotels gearbeitet", erzählt Hoffmann. „Es sollten Komponenten der legendären Grandhotellerie mit dabei sein. Uns war früh klar, dass wir keine Hotelkette werden wollen, sondern dass wir eine Marke aufbauen." Neben der lokalen Geschichte gehört auch Spaß an der Freude dazu und die Freiheit, etwa die schlüpfrige Romantik des Seemanns Kuttel Daddeldu von Joachim Ringelnatz („Meine längste Braut war Alwine") einfließen zu lassen.

Hoffmann musste viel lernen, zum Beispiel enge Budgets zu schneidern und damit auszukommen, auch wenn es kneift. Es ging um Immobilienentwicklung und wie man Pachtverträge verhandelt. Es gab den ersten Konflikt, als Ardi Goldman ohne Absprache 100.000 Euro für das Erstellen eines wunderbaren Buchs über die Geschichte des Hotels ausgab, das Hoffmann aus dem PR-Etat bezahlen sollte. „Das Buch passte nicht ins Budget. Ich bin Amok gelaufen, weil ich dachte, wir sind demnächst pleite. Es war das erste und einzige Mal, dass wir kurzfristig Kapital eingelegt haben und nicht organisch gewachsen sind."

Parallel begannen die Planungen für mehrere Hotels, und plötzlich kam das Projekt in Fahrt. Die Gesellschafter wurden vom Erfolg überrascht. „Manch einer glaubte, dass wir die großen Macker sind." Die Idee setzte sich auch deshalb durch, weil 25hours oft dann ausgewählt wurde, wenn ein ödes Quartier mit individuellen Konzepten bereichert werden sollte, wie in Zürich West oder in der Hafencity Hamburg. „Vom Geld getriebene Immobilienprojekte suchen jemanden, der dem Ganzen einen Mehrwert gibt", erklärt Hoffmann. „Wir sind der Katalysator, mit dem die Immobilien erfolgreich entwickelt werden. Die dunkle Seite daran ist, dass manch ein Mitarbeiter in den Hotels mit sehr wenig Geld nach Hause gehen muss, damit die Rechnung aufgeht."

Kein Deckel bei der Pacht

Das Hotel in der Hafencity mit 170 Zimmern ist inzwischen die Cashcow geworden. Sprungbrett für das internationale Geschäft war das 2014 eröffnete 25hours Bikini Berlin. Hängematten in der Lobby, Schlafkissen mit der Aufschrift „Voulez-vous coucher avec moi?" sowie „Jungle-Zimmer", von denen die Gäste auf das Affenhaus im Zoo blicken können und morgens von exotischen Vogelstimmen geweckt werden – das mediale Echo war grandios. Selbst ein vermeintlicher Skandal, als die *Bild*-Zeitung – mit Foto – über eine Hotel-Toilette berichtete, die von außen einsehbar erschien, wurde zur PR für 25hours.

„Damit man etwas sah, brauchte es einen Eintritt in den Zoo, die genau richtige Tageszeit und ein gutes Objektiv", erklärt Hoffmann. „Der Artikel war vor allem dem Sommerloch geschuldet, aber wir haben die Sichtachsen auch etwas unterschätzt. Wir hatten Beiträge und TV-Berichte in den USA, England, Italien und Japan. Am Ende kamen noch mehr Gäste."

Die Auslastung des Hotels liegt bei über 90 Prozent. „In Berlin haben wir einen Erlös pro Zimmer, der ist manchmal höher als im gegenüberliegenden Waldorf Astoria. Der Umsatz ging durch die Decke, aber leider auch die Pacht für die Bayerische Hausbau, die sich prozentual nach den Einnahmen richtet. Leider habe ich damals noch nicht daran gedacht, einen Deckel bei der Pacht zu verhandeln", resümiert Hofmann selbstkritisch. „Aber auch wenn ich mich manchmal ärgere, muss ich zähneknirschend zugestehen, dass die Mehrkosten für die einzigartige Immobilie legitimiert sind."

Der große Erfolg ist auch der mehrfach ausgezeichneten Monkey Bar mit Dachterrasse und Blick auf die Gedächtniskirche zu verdanken sowie dem Restaurant Neni im zehnten Stock. Rund 60 Prozent der Einnahmen des 149-Zimmer-Hauses stammen aus der Gastronomie. Neni ist ein Konzept der israelischen Gastronomin Haya Molcho. Der Name setzt sich aus den Anfangsbuchstaben ihrer vier Söhne Nuriel, Elinor, Nadiv und Ilan zusammen. Kochen und Essen ist Familie. Zur leckeren Welt-Küche gehören das libanesische Auberginenpüree Babaganoush, Hummus, Süßkartoffeln und Sabich, eine Mischmasch-Spezialität aus Tel Aviv. Koriander und andere Kräuter sorgen für eine orientalische Note.

Spätestens seitdem hat Hoffman erkannt: „Gut durchdachte gastronomische Konzepte werden immer wichtiger für uns." Während Hotelgastronomie lange Zeit eher als Belastung und Zumutung galt, wollte Hoffmann gegen den Trend mit Persönlichkeiten wie Haya Molcho und einzigartigen Gastronomiekonzepten die Hotels attraktiver und erlebnisreicher gestalten.

Schwierigere Zeiten

Der Start des 25hours in Zürich war nicht von Anfang an fulminant. „Es war November. Kein Mensch kam, es war eine Horror-Eröffnung“, erinnert sich Hoffmann. „Im Februar bekamen wir Muffensausen. Wir verbrannten eine Menge Geld, hatten aber mit der Credit Suisse einen sehr fairen Partner. Dann ging es zum Glück schnell aufwärts.“

Einen Rückschlag gab es mit dem Ausstieg von Ardi Goldman als Gesellschafter, nachdem ihn ein Gericht wegen Korruptionsvorwürfen in erster Instanz verurteilt hatte. Er sieht sich jedoch unschuldig, legte Revision ein. „Als Freunde und Geschäftspartner stehen wir geschlossen hinter ihm. Er hat unser volles Vertrauen. Er ist eine Stufe zurückgetreten, aber als Initiator ist er Freund und Ratgeber. Wir freuen uns, wenn er wieder in unsere Reihen zurückkehren kann. Er ist nach wie vor einer von uns.“

In der Nacht zum 15. Juni 2016 richtete ein Brand im neu eröffneten Alten Hafenamt schweren Schaden an. Das Feuer ging vermutlich von einer Kerze in einer Laterne aus. Beim Löschversuch wurde ein Hotelgast schwer verletzt, ist inzwischen aber wieder wohlauf. „Ich habe die Höhe des Schadens am Anfang unterschätzt“, räumt Hoffmann ein. „Erst langsam begann ich zu verstehen, was das auch emotional bedeutet. Es war ein bisschen wie Heimat für uns, wir sind dort abends hingegangen, hatten tolle Gäste, und plötzlich mussten wir für ein Dreivierteljahr schließen.“ Aber alle Mitarbeiter konnten an Bord bleiben. Gibt es Konsequenzen? „Zum Glück ist nichts noch Schlimmeres passiert. Wir haben auch alle rechtlichen Vorgaben eingehalten." Auch künftig sollen Kerzen leuchten, natürlich mit höchster Sicherheitsstufe.

25hours als Hamsterrad?

Das 25hours-Konzept wird noch radikaler. „Alles was wir tun, wird in Zukunft auf die Nachbarn ausgerichtet sein", verkündet Hoffmann. „Wir möchten das Wohnzimmer und die Erlebnisstätte unserer Nachbarn sein. Den Übernachtungsgast nehmen wir gern mit, aber er ist in der Gestaltung des Hotels nicht mehr der Dreh- und Angelpunkt." Nach zehn Jahren stellte sich die Frage, wie es weitergehen soll. „Können wir die Innovationen aufrechterhalten, wird das zum Hamsterrad?" Da passte es gerade, dass Accor-Chef Bazin eines Tages das Bikini-Hotel in Berlin anschauen wollte. Hoffmann führte den Manager aus Frankreich durch die Räume. „Ich hatte den Eindruck, dass ihm gefiel, was er sah."

Nach intensiver Diskussion entschlossen sich die Gesellschafter elf Jahre nach der Gründung für den Einstieg von Accor. Der Konzern kann sogar langfristig die Mehrheit erwerben. Es war eine schwierige Entscheidung, die Fragen aufwirft. Wird 25hours zum Glied einer Kette und damit Mainstream? Kommen die Hotels bald doch von der Stange? Der CEO versichert: „Unsere Marke wird geschützt und auch langfristig ihre Identität erhalten, auch wenn Accor die Mehrheit übernehmen kann." Ein Teil des Kaufpreises wurde in ein Kreativlabor investiert, um die Marke weiter voranzubringen. Die nächsten zehn Jahre will Hoffmann mindestens an Bord bleiben. Der Anfang vom Ausstieg? „Eher nein", sagt Hoffmann. „Es ist der Beginn einer neuen Ära, wo auch immer sie hinführen wird."

Eilles
TEE

ALBERT DARBOVEN

Frauen, Polo und Kaffee

Albert Darboven ist Deutschlands Kaffeekönig. Seine Kindheit im Krieg war der blanke Horror, und seine Aussichten waren durchwachsen, bis ein Verwandter über seine Zukunft entschied.

Manche Ereignisse aus dem Jahr 1960 haben Auswirkungen bis heute. Während Bundeskanzler Konrad Adenauer die Geschicke Deutschlands steuerte, siegte in den USA John F. Kennedy bei den Präsidentschaftswahlen. In der Sowjetunion wurde Leonid Breschnew zum Staats- und Parteichef gekürt. 15 Jahre nach dem Ende des Zweiten Weltkriegs fasste der israelische Geheimdienst in Buenos Aires den Nazi-Kriegsverbrecher Adolf Eichmann.

In jenem Jahr entstand auch einer der bekanntesten Film-Thriller: Alfred Hitchcock brachte Psycho in die Kinos. Musikalisch kündigte sich Großes an: Im Hamburger Club Indra an der Großen Freiheit trat erstmals eine Band mit dem Namen Beatles auf. Und Albert Darboven übernahm im Alter von vierundzwanzig Jahren die Geschäfte des Kaffeeunternehmens J.J.Darboven.

Inzwischen hat er als Mitinhaber mehr als ein Drittel der rund hundertfünfzigjährigen Firmengeschichte geprägt. Er ist nicht nur das aus der Fernsehwerbung bekannte Gesicht des Unternehmens mit dem Motto „Aus Freude am Leben“. Darboven ist Erfinder, Trendscout und Patriarch in einer Person. Er war Vorreiter bei der Einführung von Espresso und Fair-Trade-Kaffee in Deutschland sowie bei der Portionierung des braunen Goldstaubs in Kapseln und Pads. „Kaffee ist mein Leben“, sagt er, und das ist durchaus wörtlich gemeint. Jeden Tag trinkt er zwölf Tassen: schwarz, ohne Zucker. Bis heute entscheidet er bei den täglichen Kaffeeverkostungen oft selbst, ob eine Charge zurückgeht. Auf der wichtigen Messe Internorga macht er – stets bestens gekleidet mit Nadelstreifenanzug, Hemd und Krawatte – mit über 80 Jahren selbstverständlich seine Rundgänge.

Darüber hinaus ist er ein Wohltäter Hamburgs. So finanzierte er die Sanierung der Brooksbrücke in der Speicherstadt und stiftete 1997 den mit 65.000 Euro dotierten Idee-Förderpreis für Jungunternehmerinnen. Außerdem hat er ein teures Hobby sowie zwei gefährliche Schwächen: Pferde, Frauen und Pistolen.

Seinen Tag beginnt Darboven morgens um 5.15 Uhr in seinem Haus in Hamburg-Rissen an der Elbe. Er trinkt eine Thermoskanne Idee Kaffee, liest zusammen mit seiner Ehefrau Edda die heiß geliebte *Bild*-Zeitung. Dann geht er in sein Gestüt mit den rund 30 Pferden, unter ihnen sein Liebling, der Deckhengst Polish Vulcano sowie die schnelle, dreijährige Stute Prima Violetta. Wenn die schwarze Limousine mit dem Kennzeichen HH-JD 1866 die Elbchaussee hinunterrauscht, fährt Herr Bergmann Herrn Darboven in die Firma. „Gegen 7.30 Uhr atme ich Billbrooker Kaffeeluft", schwärmt er.

Start mit Kolonialwarenhandel

Dort im Industriegebiet ragt ein 40 Meter hoher brauner Turm mit 42 Silos heraus, in dem 282 Tonnen Rohkaffee sowie 330 Tonnen Röstkaffee gelagert werden können. Das neue Verwaltungsgebäude daneben wurde aus 45 Containern im Schnellbauverfahren erstellt. Im zweiten Stock hat Darboven seinen alten Besprechungsraum „Hamburg" originalgetreu nachbauen lassen: In der Mitte steht ein runder Holztisch mit großer Thermoskanne und Tassen. Dazu zehn mit grünem Stoff bezogene Stühle; an den Wänden hängen zwei Gemälde vom bekannten Bremer Maler Carl Spielter aus der Jahrhundertwende.

Das Firmensignet mit den orangefarbenen Buchstaben iD und einer braunen Kaffeebohne findet in einer XL-Version seinen Platz auf der Leinwand. Die Farben symbolisieren Kaffee vom Rohzustand als leuchtende Kirsche in Orange bis zur Röstung. In die Decke sind 28 LED-Lämpchen eingebaut: 27 weiße Leuchten und eine grüne. Sie stehen für die 28 EU-Länder und den Austritt Großbritanniens. „Wenn die Briten den Brexit rückgängig machen, tausche ich das grüne Lämpchen sofort wieder aus“, erklärt Darboven.

Kaffee hat eine 350 Jahre alte Tradition in Deutschland. Als Wiege des Strauchs gilt Äthiopien. In Arabien war Kaffee schon im 15. Jahrhundert bekannt, von dort breitete sich das Getränk langsam nach Europa aus. Das erste Kaffeehaus in Konstantinopel, dem heutigen Istanbul, wird auf das Jahr 1554 datiert. Rund ein Jahrhundert später, 1645, entstand das erste Kaffeehaus in Venedig am Markusplatz. Es folgten London, Marseille, Amsterdam, Paris, 1673 Bremen und schließlich 1677 Hamburg.

Fast 200 Jahre später, am 21. März 1866, gründete Johann Joachim Darboven in Hamburg sein von Amts wegen als Kolonialwarenhandel bezeichnetes Geschäft. Es war das Jahr, in dem auch die Firma Nestlé an den Start ging und Alfred Nobel das Dynamit erfand.

Kaffee war damals nicht so leicht zu handhaben. Viele konnten mit den grünlichen Bohnen nichts anfangen. Darboven röstete den Kaffee und verschickte ihn zusammen mit einem Stück gepressten Zucker an die Kunden – ein früher Vorläufer von Amazon Fresh.

1943 wurden die Produktionsanlagen bei einem Bombenangriff zerstört. Heutzutage erwirtschaftet Darboven in vierter Generation mit zirka tausend Mitarbeitern einen Jahresumsatz von rund 350 Millionen Euro. Im sogenannten Außer-Haus-Markt für die Hotellerie und Gastronomie sieht sich Darboven als Marktführer. Die Firma verarbeitet 35.000 Tonnen Kaffee im Jahr, knapp 90 Prozent der Erlöse stammen aus der Veredelung der Bohnen. Tee und Kakao steuern den restlichen Teil bei. Im Lebensmitteleinzelhandel liegt das Unternehmen auf Platz fünf nach Jacobs, Dallmayr, Melitta und Tchibo.

Erlösung am neunten Geburtstag

Der Weg zum Kaffeekönig war alles andere als vorgezeichnet, denn Albert Darboven wurde 1936 in Darmstadt als Albert Hopusch geboren. Seine Eltern waren Johanna Margarethe Wagner und der Hamburger Chirurg Albert Hopusch, seine Schwester Marie-Luise kam 1937 zur Welt. Die ältesten Erinnerungsfetzen sind noch angenehm: ein wackeliger, aber aufregender Flug als Steppke von Griesheim nach Hamburg. Die Großeltern in Blankenese, die zusammen mit ihm und ihrer Katze Purzel im Sommer auf die Elbinsel Schweinesand ruderten und dort am Strand ausruhten.

Als er ins Kindergartenalter kam, begann Adolf Hitler den Zweiten Weltkrieg. In seiner Grundschulzeit hagelte es Bomben vom Himmel. Klassenlehrer Herr Streng ließ die Kinder bei jeder Gelegenheit vor der Hakenkreuzfahne „Heil Hitler" salutieren. Bei der Landverschickung lernte er auf dem Bauernhof der Familie Falter im Odenwald das einfache Leben kennen, mit Ziegen, Kühen, Schweinen und Hasen. Er schlief bei der Familie im Ehebett auf der Besucherritze und musste „dem Falter", wie die Ehefrau ihren Mann nannte, nachts ab und zu auf Anweisung in die Gurgel hauen, wenn er schnarchte.

Wenn der Hahn um halb fünf krähte, wurde der Pisspott der Nacht auf den Hof geschüttet. Auch ein Kriegsgefangener lebte auf dem Hof: Jean aus Nizza. Er durfte keinen Umgang mit der Familie pflegen. Der kleine Albert setzte sich aber öfter darüber hinweg. Einem russischen Kriegsgefangenen, den er in Darmstadt sah, gab er ein dickes Butterbrot. „Ich habe mich nicht zum Nazi erziehen lassen, habe auch mal laut gesagt: Mit diesem Mist habe ich nichts am Hut." Bei der Ausbildung an der Panzerfaust hätte er die Waffe gern auf einen HJ-Führer gerichtet, der andere misshandelte.

Mehrmals entging er nur knapp dem Tod. Als seine Mutter und er im September 1944 in Darmstadt die Großeltern besuchen wollten, gerieten sie in einen schweren Bombenangriff. Sie konnten sich zunächst in einem Keller in Sicherheit bringen, wo sie eng umschlungen ausharrten. Der Druck von explodierenden Luftminen warf sie meterweit gegen die Wand. Dann wurden Brandbomben geworfen, alles stand lichterloh in Flammen. Die Großeltern starben, ihre zusammengeschrumpften Leichen wurden in Kindersärgen bestattet. Spielkameraden, mit denen sich Albert gerade noch die Zeit vertrieben hatte, lagen verkohlt auf den Straßen. Hopusch selbst erlitt eine schwere Rauchvergiftung.

Nachdem die Familie nach Kulmbach geflüchtet war, kamen auf dem Schulweg einmal Tiefflieger auf ihn zu. Ein Polizist warnte ihn. Er verschanzte sich mit einem Freund im Graben, Maschinengewehrsalven schlugen dicht neben ihm ein, und der Polizist lag zerfetzt auf dem Feld, Hopusch aber blieb unverletzt.

Wie geht man mit diesem Horror um? „Ich denke öfter drüber nach, obwohl es wahnsinnig unschöne Erinnerungen sind, und bin dankbar, dass es mich nicht erwischt hat", sagt Darboven nachdenklich. „Ich bin gläubig und denke, dass irgendjemand die Hand im Spiel gehabt hat, aber ich kann es nicht beweisen. Schade, dass immer wieder so leicht Hass geschürt werden kann."

Als an seinem neunten Geburtstag die Amerikaner in Kulmbach einrückten, brachten sie die Erleichterung mit. „Ich habe sofort mit denen Freundschaft geschlossen. Sie kümmerten sich rührend um die Kinder, ein schwarzer Soldat gab mir Schokolade und Kaugummi," erinnert sich Darboven. Schnell zog er einen Tauschhandel auf: Seine Mutter wusch und bügelte Hosen von Armeeangehörigen, die Familie bekam dafür Zigaretten und tauschte diese gegen Lebensmittel ein.

Entscheidung in der Reetdachvilla

In den Wirren des Krieges wurde „Atti" Hopusch häufig zu Verwandten verschickt. „Ich habe neunmal die Schule gewechselt." Schließlich erlebte er in Urach die Segnungen der Währungsreform vom 20. Juni 1948, als sich die Läden wieder füllten. Sein Vater, der 1941 in den Krieg ziehen musste, kehrte zurück, starb aber bald an Lungenkrebs. Da fasste seine Mutter den Entschluss, dass die Familie in die USA auswandern werde. Doch es kam anders.

Während die Schwester in Bullau im Odenwald blieb, zog seine Mutter nach Hamburg, um die Reise vorzubereiten. Dort hatte ihre Tante Anna-Maria den Hamburger Industriellen Arthur Darboven geheiratet. Die Ehe blieb kinderlos. Alberts Mutter organisierte in Hamburg letztlich keine Schiffspassage, sondern die Überfahrt in ein neues Leben. Als „Atti" im Sommer 1949 zu Besuch in die Reetdachvilla der Darbovens am Bockhorst in Blankenese kam, war die Entscheidung bereits gefallen. Der damals schon 77 Jahre alte Onkel Arthur Darboven hatte zu den Auswanderungsplänen Nein gesagt, weil er einen Nachfolger für sein Unternehmen brauchte. Der geschäftstüchtige Dreizehnjährige schien ihm geeignet. „Mittags kam mein Onkel in seinem grünlichen Glencheck-Anzug und einem großen braunen Gummiball auf mich zu. Erst gab er mit den Ball, dann sagte er: ‚Ich bin Onkel Arthur und Du wirst mein Nachfolger.'" Das war der ***Tag der Entscheidung.***

Der große Unternehmer Arthur Darboven ging stets früh ins Bett. „Ich setzte mich um halb acht an sein Bett, bekam Schokolade und er erzählte mir eine halbe Stunde über sein Leben." So entstand eine tiefe Beziehung. „Er hat mein Herz im Sturm erobert." Ein Rat lautete: „Du darfst keine Wechsel unterschreiben. Das tue ich heute noch nicht."

1953 wurde die Entscheidung mit der Adoption notariell bestätigt. „Am Abend davor nahm mich meine Adoptivmutter im Wohnzimmer zur Seite und sagte: ‚Du wirst jetzt ein Darboven. Ich möchte, dass du aus dem innersten deines Herzens Ja sagst.' Das war kein Problem, ich hatte sowieso ein Faible für sie." Wie ging seine leibliche Mutter damit um? „Die hat das verdammt gut weggesteckt. Ich bin dankbar, dass sie mir, ohne nachtragend zu sein, diese tolle Chance ermöglicht hat."

Ein Mann und sieben Mädchen

So öffnete sich das Tor in die internationale Kaffeewelt. Von 1949 an durchlief Albert verschiedene Stationen bei J.J.Darboven, machte parallel die Mittlere Reife, verführte auf dem Internat in Schleswig ein Geschwisterpaar und tuckerte mit seinem Zweitakter „Hustelinchen" durch die Hansestadt. 1953 begann er beim befreundeten Kaffeeimporteur Rothfos seine kaufmännische Lehre, die ihn 1955 für ein Jahr nach London führte. Als er 1956 die Handelsgehilfenprüfung ablegte, sagte Bernhard Rothfos: „Ich schicke dich nach Mittelamerika. Du kannst dir aussuchen, in welches Land."

Darboven entschied sich für El Salvador, später ging er auch noch nach Nicaragua und Costa Rica. Seine Eltern hatten in den 1920er Jahren bereits einmal eine Schiffsreise nach Mittelamerika gemacht, und seine Mutter sagte zum Abschied: „Du wirst mich bald vergessen, es gibt so viele hübsche Mädchen dort.“ Die zweite Hälfte des Satzes stimmte voll und ganz. „In Costa Rica kamen auf einen Mann sieben Mädchen“, schwärmt Darboven noch heute. „Auf der Avenida standen wir mit dem Rücken zur Wand und versuchten, die Mädchen für uns zu begeistern. Bars wurden fleißig besucht.“ Seitdem er sich im Alter von neun Jahren erstmals verliebt hatte, lagen für den höchst attraktiven Darboven harte Arbeit und Amüsement stets dicht beieinander. „Das Thema Frauen ist ein abendfüllendes Programm“, stellt er fest. „Das ist meine Zielgruppe. Eine Frau ist für mich ein besonders Wesen, ich liebe die Frauen.“

Seine berufliche Aufgabe war es, sich davon erst einmal nicht allzu sehr ablenken zu lassen und eine Agentur für Rothfos aufzubauen. Er exportierte Kaffee für den deutschen Markt und Firmen wie Jacobs und Tchibo. Daneben begeisterte er sich für den Pferdesport Polo und machte den Flugschein. Sein Fluglehrer war ausgerechnet der spätere Präsident des Landes. Die Einführung in die Gesellschaft gelang mit Bravour.

Über die Freundschaft mit dem Außenminister erwarb er für einen Verbündeten von Rothfos den Konsultitel. Auch mit dem damaligen Diktator Nicaraguas, Anastasio Somoza, pflegte er einen freundschaftlichen Umgang. Ob Darboven immer auf der richtigen Seite stand? „Ich glaube ja“, antwortet er. „Ich habe nichts übertrieben.“

Als man ihn aufforderte, für El Salvador gegen Honduras in den Krieg zu ziehen und er vom Flugzeug aus selbst gebaute Bomben abwerfen sollte, berief er sich auf seine Nationalität und hielt sich raus. Später kamen Abgesandte aus Mittelamerika mit Geldkoffern nach Hamburg, um von ihm Waffen zu kaufen. Er blieb dann aber doch lieber bei den braunen Bohnen und verwies die Mittelsmänner nach Tschechien.

„Die Feudalgesellschaft in El Salvador wurde von vierzehn Familien beherrscht“, erinnert sich Darboven. Ausgerechnet in die schönste Tochter einer der mächtigsten Familien, Inés de Sola, verliebte er sich. „Ich war als Deutscher das Allerletzte, was die Tochter anschleppen konnte, weil die Familie unter Hitler gelitten hat.“ Aber die Liebe war stärker. Er heiratete sie am 22. März 1961 in El Salvador und kehre dann mit ihr zurück nach Hamburg. Der Flug ging über Mexiko, New York und Amsterdam. Beim Abholen vom Hamburger Flughafen verursachte der Chauffeur einen Unfall, Inés verlor den Ehering, Albert zog sich Schnittwunden zu und musste an der Augenbraue genäht werden, bevor er seine Frau zu Hause mit einem verbundenen Auge über die Schwelle tragen konnte. Das war kein gutes Omen: Die Ehe wurde 1973 geschieden.

Vor der Hochzeit verschaffte er sich einen spektakulären Abgang aus Costa Rica. Der angehende Kaffeekönig war recht abgebrüht und trug stets eine Pistole bei sich. Als er abends in einer Bar zusammen mit einem Kumpel zu viel Whisky trank, stellten sie die Flaschen wie in einem

Western auf die Theke und ballerten drauflos. Alle brachten sich in Sicherheit – und die Polizei steckte die beiden Revolverhelden ins Kittchen. Darboven verbrachte eine Nacht in einer Zelle zusammen mit üblen Gestalten. Die Zeitungen schrieben über den „verrückten Deutschen", bis am nächsten Morgen der Präsident persönlich beim Richter anrief und für seine Freilassung sorgte.

Ein unsanfter Übergang

In Deutschland vollzog sich in den späten 1950er und frühen 1960er Jahren das Wirtschaftswunder. Das jährliche Wachstum lag bei über acht Prozent, 1960 wurden erstmals mehr als zwei Millionen Kraftfahrzeuge produziert. In Frankfurt eröffnete das erste Autokino. Auch das Kaffeegeschäft erfuhr wieder eine Belebung. Im Krieg hatten die Menschen auf Ersatzkaffee umsteigen müssen; J.J.Darboven produzierte damals „Koff". Nach der Währungsreform begann der Import von Kaffeebohnen wieder. 1953 verbrauchte jeder Bundesbürger rechnerisch 1,5 Kilo Rohkaffee, 1960 war es gut das Doppelte, heutzutage sind es mehr als sieben Kilo. Aufgebrüht sind das pro Person im Durchschnitt 162 Liter Kaffee im Jahr, deutlich mehr als Mineralwasser oder Bier. Der Staat profitiert davon jährlich mit rund einer Milliarde Euro Kaffeesteuer.

Hamburg veränderte sich. 1954 starb Alberts neuer Vater Arthur, 1959 seine Adoptivmutter Anna-Maria. Da gab es ein böses Erwachen. „Im Testament stand, dass ich Gesellschafter werden sollte. Aber das ging nicht so ganz sanft über die Bühne", erinnert sich Darboven. „Ich war zwar schon lange als Nachfolger vorgesehen, aber als es so weit war, wurde ich erst einmal gekündigt." Damals führten sein Onkel Nikolaus Darboven und Albert Deneke die Gesellschaft J.J.Darboven. Laut Albert Darboven interessierten sich die beiden zunächst nicht die Bohne für die Festlegung im Nachlass, sondern fanden eine Klausel im Gesellschaftervertrag, dass jede Änderung der Firmenstruktur „zumutbar" sein müsse. Unter Berufung darauf sollte er wohl abserviert werden.

Abwarten und Teetrinken war nie seine Devise. So folgten langwierige Gerichtsverfahren. „Letzten Endes hat das ein Schweinegeld gekostet", resümiert er. Erst bei einem Schiedsverfahren vor dem Oberlandesgericht gab es den Durchbruch. Als die Kontrahenten austreten mussten, schlossen sie Frieden am Pissoir. „Der Prozess könnte längst zu Ende sein", sagte der eine. Und der andere erwiderte: „Dann lass uns darüber reden." Kurzerhand ließen sie Anwälte und Richter allein im Saal zurück und einigten sich. Albert Darboven stieg ein, die beiden bisherigen Gesellschafter blieben zunächst an Bord und legten fest, dass sie ihre Anteile mit dem Tod zurückgeben.

Früh entdeckte Darboven die Gastronomie als Abnehmer. Was macht das Kaffeegeschäft dort so attraktiv? „Für eine Portion Kaffee braucht man sieben bis neun Gramm, in den Pads sind es 7,2 Gramm", erläutert Darboven. „Nehmen wir an, ein Gastwirt bezahlt für das Kilo Kaffee 15 Euro inklusive Service, dann macht er aus sieben Gramm ein Getränk, das er für 2,50 bis fünf Euro verkaufen kann. Da ist eine extreme Spanne drin."

Kaffee und Champagner

In den 1960er Jahren war Darboven von morgens um sechs Uhr bis oft nach Mitternacht unterwegs. Abends feierte er auf der Reeperbahn, zu seinem Freundeskreis gehörte auch der Verleger Axel Springer. Darboven erzählt, dass er zusammen mit dem damaligen Bankenpräsidenten Alwin Münchmeyer auf einer Todesliste der RAF-Terroristin Gudrun Ensslin stand.

Die Geschäfte liefen glänzend. Gemeinsam mit seinem Freund Horst-Herbert Alsen bestellte Darboven jedes Jahr 5.000 Flaschen Roederer Champagner für je 17,70 D-Mark. Die Hälfte davon lagerte in Darbovens Keller und geriet nicht in Gefahr, schal zu werden. 1973 heiratete er Edda Prinzessin von Anhalt, mit der er sich nach wie vor abends gern ein Gläschen Champagner gönnt. Allerdings geht er inzwischen wie sein Adoptivvater früh ins Bett, ernährt sich gesund und stählt sich seit 40 Jahren täglich in der Sauna.

Das negative Image von Kaffee als Gesundheitsrisiko kostete ihn Nerven. „Es wurde ein Gespenst in die Welt gesetzt, das zog sich bis Ende der Siebzigerjahre“, sagt Darboven, noch heute ärgerlich. „Um im Geschäft zu bleiben, haben wir auf Idee Kaffee gesetzt. Mit dem patentierten Veredelungsverfahren, das Reiz- und Bitterstoffe entfernt, sind wir auf Ärztekongresse gefahren. Heute ist erwiesen, dass Kaffee viele positive Wirkungen hat.“ Mit Zukäufen unter anderem von Eilles, dem Vertrieb von Mövenpick-Kaffee und der Expansion ins europäische Ausland baute er das Unternehmen aus.

Wie geht es weiter? Mit seiner ersten Ehefrau hat Darboven den 1964 geborenen gemeinsamen Sohn Arthur Ernesto, der 2002 in die Geschäftsführung eintrat – und 2008 wieder ausstieg. Sechs Jahre lang wurde er als Nachfolger gehandelt, dann überwarfen sich Vater und Sohn. An einer geplanten Produktlinie „Coffee-Erotic" mit dem Slogan „Sex des Bohnengetränks" schieden sich die Geister endgültig. Der Krach sorgte für so manche Schlagzeile. Heute hält Darboven mit 57,5 Prozent die Firmenmehrheit, Arthur besitzt 17,5 Prozent und zwei Söhne von Herbert Darboven kommen zusammen auf 25 Prozent.

Darboven wurde vielfach geehrt, unter anderem mit der Brillat-Savarin-Plakette für besondere gastliche Verdienste. Mit seiner Amtszeit hat er Rekorde gebrochen. Nur noch König Bhumibol von Thailand (70 Jahre), Königin Elisabeth II. (65 Jahre) und der japanische Kaiser Hirohito (62 Jahre) liegen vor ihm. Bei der Frage nach der Nachfolge winkt er jedoch ab. „Die letzten zehn Jahre haben wir keine Fehler gemacht", betont er. „Dem Unternehmen geht es prima, ich bin gut beieinander. Das Team hat sich bestens formiert, könnte von heute auf morgen alles übernehmen. Wir blicken fröhlich in die Zukunft." Wie lange Darboven selbst im Sattel bleibt? „Solange der liebe Schöpfer das für richtig hält", teilt er mit einem Lächeln mit. Wird es eine Einigung mit seinem Sohn geben? „Darauf gibt es keine Antwort."

CORINNA KRETSCHMAR-JOEHNK & PETER JOEHNK

Design fürs Glück

Corinna Kretschmar-Joehnk und Peter Joehnk steuern mit Joi-Design das führende Unternehmen für Hotel-Innenarchitektur in Europa. Auf dem Weg dorthin schrammten sie einmal knapp am Abgrund vorbei.

Das Steigenberger-Hotel in Davos, das Niederegger-Café in Lübeck, das Hamburger Büro der Funke Mediengruppe und das Spa im Hotel Pullman Paris Centre-Bercy haben eines gemeinsam: Die Innenarchitektur stammt von Joi-Design. Auch wer die Inhaberin Corinna Kretschmar-Joehnk und Geschäftsführer Peter Joehnk nicht kennt, hat mit großer Wahrscheinlichkeit schon einmal einen Raum betreten, den das Team gestaltet hat. Insgesamt tragen fast tausend Projekte ihre Handschrift. Sie reichen von Umbauten und Renovierungen bis zur Gestaltung des McCafé-Konzepts in Hunderten Filialen von McDonald‘s.

Anders als der Star-Designer Karim Rashid mit seinen knallig-bunten Farben oder Philippe Starck mit seiner Ethik des Weglassens passt sich Joi-Design völlig der jeweiligen Aufgabe an. „Wir sichern die individuelle Lösung, suchen nach Details und mögen Überraschungen auf den zweiten Blick“, sagt Corinna Kretschmar-Joehnk. „Fürs Ego ist es schön, wenn man am Stil erkannt wird. Aber das Projekt steht im Mittelpunkt.“ Peter Joehnk ergänzt: „Der persönliche Geschmack muss zurückgestellt werden, denn wir machen keine freie Kunst, kein Design um des Designs willen.“

Wenn Hotelchefs ihre Anforderungen an das Design erklären, verweisen sie oft auf das urbane Lifestyle-Konzept 25hours von Christoph Hoffmann oder auf die Budget-Design-Linie Motel One von Dieter Müller und Ursula Schelle-Müller. Bei Restaurantbetreibern war lange der Vapiano-Stil gefragt. „Heute möchte keiner mehr uniformiert auftreten“, erklärt Peter Joehnk. Dabei kann das Streben nach Individualität zu einer neuen Gleichförmigkeit führen. Der Grat zwischen Markenvorgaben, Kostenrahmen und Kreativität ist schmal.

In solchen Fällen hilft das Bauchgefühl von Peter Joehnk. Kopieren kommt nicht in Frage, und eine Revolution wird selten bestellt. „Wir müssen mehrheitsfähig sein und trotzdem Akzente setzen. Es muss nicht grün und lila sein. Mit beige und braun macht man nicht viel falsch. Irgendwo dazwischen liegt die Wahrheit.“ Ziel ist es, Emotionen und Atmosphäre in Farben und Formen zu übersetzen. Joi-Design erkundet das Terrain mit Stimmungscollagen und Konkurrenzanalysen, sucht nach Nischen und lokalen Besonderheiten.

Mit dieser Philosophie feiern sie Erfolge wie die viel beachtete Neugestaltung des mehr als hundert Jahre alten Reichshofs in Hamburg. Er wurde 2015 als erstes Curio-Hotel von Hilton in Europa wiedereröffnet mit einem Innenleben von Joi-Design. Für die Inszenierung des 5-Sterne-Hotels Le Clerveaux in Luxemburg erhielt das Unternehmen 2012 in New York den renommierten Boutique Design Award. Der kiloschwere Stern aus geschliffenem Kristallglas von Swarovski liegt zusammen mit anderen Auszeichnungen inzwischen in einer frisch gestrichenen Vitrine des neuen Firmensitzes in Hamburg-Alsterdorf.

Eine Villa mit vielen Geschichten

In der 1922 erbauten Backstein-Villa arbeiten die 33 Festangestellten von Joi-Design an der „Hotel Couture“. Es geht um ganze Hotel-, Büro- oder Restaurant-Einrichtungen bis hin zur Farbe der Badhandtücher oder dem Stoff der Kissen auf den Betten. Die Innenarchitektur ist weiblich. Die Spezialistinnen komponieren Elemente zu Design, experimentieren mit verschiedenen Materialien, erstellen Pläne und Analysen, bauen Modelle, berechnen Kosten. Dazu bieten die 780 Quadratmeter Fläche den idealen Raum.

Die Gedanken schweben über drei Etagen mit Stuckdecken, machen am mannshohen grünen Original-Tresor gefüllt mit Müsli und Haferflocken Halt und fliegen in den parkähnlichen Garten hinaus. Dort befindet sich an einem Seitenkanal der Alster der Bootssteg. Vorne gibt es eine repräsentative Auffahrt, hinten kreuzen Ausflugsboote durch das Grün. Im Keller finden Muster von Fliesen, Teppichen und Stoffen ihren Platz.

Bei der Gestaltung von Hotels spielt das Storytelling eine große Rolle; auch die denkmalgeschützte Villa steckt voller Geschichten. Werftbesitzer Walther Blohm ließ sie errichten und lebte dort mit seiner Ehefrau Annemarie und seinen vier Kindern. Als Architekt Erich Elingius das Gebäude im Weimarer Stil entwarf, arbeiteten rund 14.000 Menschen bei Blohm + Voss. Auf der Großwerft lief das 1941 von der Royal Navy versenkte Schlachtschiff *Bismarck* vom Stapel und auch die *Wilhelm Gustloff*, die 1945 bei einer der verheerendsten Schiffskatastrophen mit schätzungsweise 10.000 Flüchtlingen an Bord von einem sowjetischen U-Boot versenkt wurde. Später wurde die Werft mit dem Segelschulschiff Gorch Fock bekannt und 2009 mit einer der weltweit größten Privatyachten, der mehr als 160 Meter langen *Eclipse*.

Nach dem Zweiten Weltkrieg lebte im Dachgeschoss der Blohm-Villa der Schauspieler Willy Fritsch („Die Drei von der Tankstelle"). Später war dort ein Institut zur Autismustherapie von Kindern und Jugendlichen untergebracht. Anfang 2017 mietete sich Joi-Design ein, die europaweit führenden Experten für Innenarchitektur in der Hotellerie. Doch nicht immer war die Lage so idyllisch.

Ein sonniger Tag im Mai

Rund 14 Jahre vor diesem Umzug musste Peter Joehnk seinen beruflich schwersten Gang antreten. An einem sonnigen Maitag im Jahr 2003 ging er zum Amtsgericht und stellte den Insolvenzantrag für sein Unternehmen Joehnk Interior Design. „Die Welt ging unter, ich sah mich unter Brücken schlafen und Akkordeon spielen", berichtet Joehnk. Für das Gericht war die Sache Business as usual. Routiniert bekam er einen Stempel auf das Formular. „Letztlich war es dort ein banaler Vorgang."

Am nächsten Tag übernahm der Insolvenzverwalter seine Firma. Zusammen mit Joehnk hob er bei der Bank das Geld komplett ab, kündigte Miet- und Leasingverträge, das Telefon wurde abgestellt, das Büro leer geräumt. Joehnk erinnert sich mit Schrecken: „Alles, wofür du gelebt hast, ist weg, alles was du aufgebaut hast, wird entzogen." Da er keine GmbH gegründet hatte, war die Firmenpleite zugleich eine Privatinsolvenz. Es war ein Crash aus beachtlicher Höhe. Wie war er da hineingeraten?

Peter Joehnk, 1957 im oberfränkischen Kronach geboren, war schon in seiner Kindheit handwerklich begabt.

„Als ich zwei Jahre alt war, schenkte mir mein Vater einen Hammer. Mit dem habe ich den Putz in der Wohnung abgeschlagen." Im Alter von drei Jahren zog die Familie nach Selb ins Fichtelgebirge an die tschechische Grenze. Die Jugend verbrachte er im pfälzischen Neustadt an der Weinstraße. Dort machte er das Abitur.

Er frisierte gern Mopeds, hatte Spaß an Chemie und Kunst. Eine Stippvisite im Maschinenbaustudium zeigte, dass diese Ausbildung eine Sackgasse war. So studierte er in Kaiserslautern und Mainz Innenarchitektur mit sehr gutem Abschluss. Er hängte ein Architekturstudium dran, das er jedoch nicht zu Ende führte. Auf einer Reise lernte er seine spätere Ehefrau kennen. „Das war der Grund, warum ich nach Hamburg zog." Sein fränkisches „R" ist bis heute erhalten geblieben.

Den ersten wichtigen Job bekam er beim Innenarchitekten und Möbeldesigner Jan Wichers. Zu dessen Kunden gehörten das Hotel Vier Jahreszeiten in München und die Bühlerhöhe bei Baden-Baden. So knüpfte Joehnk erste Kontakte in die Hotellerie. 1984 machte er sich selbstständig. An sein erstes selbst gestaltetes Objekt kann er sich noch gut erinnern: die Einrichtung einer Privatwohnung eines Futtermittelherstellers in Pinneberg. „Ich war so stolz, dass die Möbel, die ich skizziert hatte, auch tatsächlich gebaut wurden. Das fertige Ding zu sehen, war ein erhebendes Gefühl." Er arbeitete vom Wohnzimmer aus, bis 1987 sein Sohn Felix geboren wurde und ihm den Raum streitig machte. Seither mietet er Büroflächen und stellt Mitarbeiter ein.

Kleider, Cocktails, Baustahl

Schnell machte er sich einen Namen als kreativer Kombinierer verschiedener Stile und Funktionen. So gestaltete er den Szene-Kleiderladen „Loft" an den Großen Bleichen in Hamburg und weckte damit die Aufmerksamkeit von Corinna Kretschmar. „Es war ein cooler Mix aus Mode und Gastronomie mit Betonböden und Baustahlmatten", erinnert sie sich.

Corinna Kretschmar erblickte 1966 in Bielefeld das Licht der Welt und wuchs in Detmold auf. Ihre Eltern waren Professoren an der Musikhochschule. Sie lernte Klavier, Gesang und Querflöte, hasste aber das Vorspielen. „Bei Auftritten bin ich halb gestorben." Nach dem Abitur begann sie ein Kunstgeschichte-Studium in Würzburg. Da ihr die Theorie zu grau war, kehrte sie nach Detmold zurück und studierte Innenarchitektur.

Als es nach dem Examen um ihren ersten Job ging, sah sie einen Abreißzettel am Schwarzen Brett der Uni. Er stammte von Peter Joehnk. Seine hippe Kombination aus Kleiderladen und Bar hatte sich über die Hansestadt hinaus herumgesprochen. Sie bewarb sich, fand Peter Joehnk beim Vorstellungsgespräch locker und angenehm. Die Chemie stimmte. Abends bei der Rückkehr nach Detmold hatte sie bereits eine positive Nachricht auf dem Anrufbeantworter. Als auch ihre Mutter die Stimme von Joehnk sympathisch fand, war der Einstieg perfekt. Bei ihrem Start 1993 hatte das Unternehmen zwölf Mitarbeiter und setzte gerade zum Höhenflug an, denn Peter

Joehnk kam mit Fußball-Vermarkter und Musical-Unternehmer Rolf Deyhle ins Geschäft.

Deyhle plante in Stuttgart für rund 400 Millionen Euro das Mega-Projekt SI-Centrum. Die Mischung aus Entertainment, Gastronomie, Tagungen und Hotels wurde 1994 eröffnet. Peter Joehnk gestaltete die beiden Hotels, den Foodcourt, die Mall, das Kino und ein Theater. „Ich wollte kein Disneyland machen, aber Deyhle sagte, genau das sei das Ziel", erinnert sich Joehnk. „Er hat mich davon weggebracht, wie ein Architekt zu denken, die oft brainwashed und schwarz-weiß gepolt sind." Deyhle wollte etwas fürs Gefühl bauen, ein Dauer-Volksfest, kein Museum.

Ein weiterer Großauftrag kam von den Cinemaxx-Kinos. Joehnks Unternehmen wuchs auf bis zu fünfzig Mitarbeiter, er musste öfter neue Räume mieten, eröffnete Zweigstellen in Großbritannien, Polen, der Schweiz und in Bayern. Seine Gefühlslage beschreibt er so: „Ich bin schnell begeisterungsfähig, auch risikofreudig, treffe Bauchentscheidungen. Fast immer ging alles gut, und ich habe ein Phlegma, das mich gut schlafen lässt."

Das Ende der Verpflichtungen

Corinna Kretschmar arbeitete sich im Segment Gastronomie schnell zur Projektleiterin hoch, betreute große Kunden wie Nordsee, Tchibo und McDonald's. Schließlich wechselte sie ins Schweizer Joehnk-Büro und gestaltete zwei Hotels der Fastfood-Kette, die einmal die

Blaupause für eine internationale Expansion werden sollten, aber später von Rezidor mit der Marke Park Inn übernommen wurden.

Aus der Ferne wurde Peter Joehnk auf seine erfolgreiche Mitarbeiterin aufmerksam und bot ihr bei der Eröffnungsparty des ersten McDonald's-Hotels 2001 in Rümlang am Zürcher Flughafen das Du an. Zu der Zeit ging auch seine Ehe in die Brüche. Corinna Kretschmar fand die Zusammenarbeit mit ihrem Vorgesetzten „sehr nett". Nach einigem Hin und Her wurde aus dem Chef-Angestellten-Verhältnis eine Liebes-Fernbeziehung.

Hektische Zeiten begannen. Anfang der 2000er Jahre geriet die Firma in Turbulenzen. Die verheerenden Terroranschläge in New York vom 11. September 2001, die Pleite der Swissair und der Ausbruch der Infektionskrankheit SARS führten dazu, dass die Reise- und Tourismusbranche schwere Einbußen erlitt. In der Folge blieben neue Aufträge für Peter Joehnk aus. „Es war kein schlagartiges Ende", erzählt er. „Aber es kam kein Neugeschäft mehr. Heute muss ich mir vorwerfen, dass ich zu lange gehofft habe, dass es wieder besser wird. Und ich wollte keine Leute entlassen."

Das Unternehmen betreute bedeutende Projekte, gehörte zur Crème der Innenarchitekten, war in vielen Bereichen führend und beschäftigte eine halbe Hundertschaft Angestellte. Der Eindruck war, dass eigentlich nichts passieren könne. Auch Joehnks Berater bestärkten ihn, er solle weitermachen. Sie erstellten Liquiditätspläne, aber das war nur Theorie. Der Niedergang zog sich über ein Jahr hin, dabei verbrannte Joehnk Berge von Geld. Das Ende mit damals noch rund 35 Mitarbeitern war bitter. „Jeder ist sich dann selbst der Nächste", erinnert sich Joehnk. Obwohl er länger als wirtschaftlich vertretbar seine Leute hielt, gab es zum Schluss Drohungen mit Klagen und Gefängnis.

Eine Fahrt von Corinna Kretschmar und Peter Joehnk von Köln nach Hamburg wurde zum ***Tag der Entscheidung.*** Dabei kamen sie zum Ergebnis, dass es so nicht mehr weitergehen konnte. „Es war eine einsame Entscheidung. Ich wurde nicht gezwungen, in die Insolvenz zu gehen, aber es war die beste Entscheidung", sagt Joehnk heute. Die alte Firma war mindestens zwei Drittel zu groß für die nur noch spärlich tröpfelnden Aufträge.

Das Vertrauen überlebt

Lange sah Joehnk vor allem das Ende, erkannte dann aber die Chance: „Das Know-how steckt im Kopf, nicht in Maschinen. Ich war alle Verpflichtungen los und konnte neu beginnen." Die frische Liebe wurde strapaziert. Private Hoffnungen und geschäftliche Verzweiflung hielten sich die Waage. Sie hatten Angst. „Wir haben uns ziemlich verrückt gemacht", sagt Corinna Kretschmar-Joehnk.

Kurz zuvor hatte sie ihre eigene Firma als zweites Standbein gegründet: Joi-Design. „Jo" steht für Joehnk, das „i" für interior. Schnell mussten neue Räume her. Vom Insolvenzverwalter kauften sie bestehende Alt-Verträge für die neue Firma. Nach einiger Zeit stellte sich heraus, dass die meisten Kunden ihnen die Treue hielten. Nicht ihre Idee war gescheitert, sondern der Rahmen aus Zahlen. Das Vertrauen hat die Insolvenz überlebt.

Zehn Jahre, nachdem Peter Joehnk Corinna Kretschmar in seiner Firma eingestellt hatte, erhielt nun er einen Arbeitsvertrag von ihr. Liebe und Geschäft wuchsen zusammen. 2004 heiratete das Paar. Und es ging wieder aufwärts. Corinna Kretschmar-Joehnk entwickelte in Köln zwei Konzepte für McCafé, Club 54 und Sydney genannt. Einige Jahre später erdachte sie das dritte Kaffeekonzept mit dem Namen Blossom, dessen Prototyp in der Berliner Sonnenallee getestet wurde. Das Ergebnis ist heutzutage in mehreren Hundert McDonald's-Filialen zu besichtigen.

Auch Peter Joehnk schaffte die Wende. Als die Hotelkette Hilton am Frankfurter Flughafen einen Neubau plante, ging Joi-Design als Sieger aus dem Wettbewerb für das Raum-Design hervor. Das neue Hilton-Flaggschiff war ein futuristisches, 660 Meter langes, liegendes Hochhaus-Ei. Wie ein riesiger Wal, der zwischen Autobahnen auf dem unterirdischen ICE-Bahnhof gestrandet war. Drum herum summten Flugzeuge, Züge, Autos. Entsprechend ungewöhnlich sollte auch das Innenleben sein. Joehnks Grundidee war, für die beiden Hotels mit fast sechshundert Zimmern die Themen Mobilität und Rückzugsort im Design zu vereinen. Symbol dafür waren zwei riesige, wie goldene Flügel aussehende Dächer in der hohen Lobby. Peter Joehnk erinnert sich an die erste Präsentation, als einer der Hilton-Verantwortlichen sagte: „I don't know if I like this stuff." Aber schon kurz darauf bekam er den Zuschlag.

Die Insolvenz liegt schon weit über eine Dekade zurück. Zehn Jahre wird der Vorgang bei Schufa-Auskünften erwähnt, danach bleibt für drei Jahre noch der Eintrag „restschuldbefreit“ stehen. „Ich bin dem Thema nie ausgewichen und habe jedem erzählt, der es wissen wollte oder nicht: Ich bin pleite, aber wir machen jetzt weiter“, betont Joehnk. Seine Ehefrau sagt dazu: „Mir war das eher peinlich und unangenehm.“

Joi-Design kümmert sich um die Betriebs- und Geschäftsausstattung FFE (Furniture, Fixtures and Equipment). Vom ersten Gespräch bis zur Präsentation des Entwurfs dauert es ein Vierteljahr. Dann folgen die Ausführungsplanung, Musterzimmer und Bäder. Bis dahin ist ein halbes Jahr vergangen. Das Honorar fließt zu gleichen Teilen für den Entwurf, die Ausführung und die Bauleitung.

Die Aufträge ändern sich. „Vor 15 Jahren hat man für die Hausdame geplant“, sagt Joehnk. „Wenn das Spiegelei runterfiel, musste man es auf dem Teppich suchen. Den Gästen wurde unterstellt, dass sie alles schlecht behandeln.“ Heutzutage stehen die Kunden im Mittelpunkt. Alle wollen das Wohnzimmer der Stadt werden. Bei Joi-Design wird bereits darüber nachgedacht, was nach der Stuben-Ära kommen könnte.

Peter Joehnk ist eher der ruhige Typ, der einer Diskussion gerne mal ein „Ja“ oder „Nein“ beifügt. Sie ist quirlig, erläutert Dinge ausführlicher, hält Vorträge, macht Bücher („101 Hotel Rooms“, „101 Hotel Baths & Spas“). Ihm fällt es leichter, Büros zu mieten, sie schaut mehr auf die Zahlen. In ihrem eher schlicht eingerichteten Zuhause sitzt er gern mit einem Gläschen Wein in der Bibliothek und liest, oder er verwandelt größere Stücke Fleisch in ein köstliches Mahl. Sie macht Yoga-Übungen auf der Dachterrasse und glaubt an die Kraft der Zahl Vier. Das Kreativ-Paar wohnt nicht im Musterhaus, es ist ein Lebensprojekt. Zwei Shell Chairs des dänischen Designers Hans J. Wegner fallen auf.

„Wir kennen unsere Stärken und Schwächen, haben Respekt voreinander", sagt Corinna Kretschmar-Joehnk. Das Geschäft brummt. Es gibt keine Garantie, dass es für immer so bleibt. Sein Traum ist es, einmal eine Stadt zu bauen, ihr würde ein Schlösschen mit sieben Zimmern genügen. Unterschiede über Unterschiede. „Wir ergänzen uns perfekt", sagen sie beinahe gleichzeitig.

FRANK MARRENBACH

Ethik verpflichtet

In Baden-Baden leitet Frank Marrenbach das Brenners Park-Hotel & Spa. Er ist darüber hinaus für die neun Hotelperlen der Oetker Collection weltweit verantwortlich. Ethisch korrektes Handeln gehört zu seinem Lebensglück.

Es war der 12. April 2012, als Frank Marrenbach klar wurde: „It will never get better." An diesem Tag eröffnete er als CEO der Oetker Collection das neue Hotel Palais Namaskar in Marrakesch.

Das Haus in Marokko ist keine beliebige Unterkunft. Die märchenhafte Anlage mit viel Marmor ist ein wohl temperierter orientalischer Rückzugsort zwischen Casablanca und Agadir mit Wasserläufen und Seen sowie Blick auf das über 4.000 Meter hohe Atlasgebirge. Die 41 luxuriös eingerichteten Villen mit Suiten sind locker in einen riesigen, üppigen Garten eingestreut, der im Palmengürtel um die Innenstadt liegt. Die Gäste fühlen sich wie in einer Freiluft-Lounge mit Arkaden, Spitzbögen, Vintage-Möbeln und Feng-Shui-Design.

Aber es ist nicht nur die Schönheit, die das Resort für den westfälischen Nahrungsmittel- und Getränkekonzern Oetker so wertvoll machte. Für die Hotelsparte Oetker Collection war dies der erste Schritt der angestrebten Expansion, ein Meilenstein. Damals gehörten erst vier luxuriöse Schmuckstücke in Deutschland und Frankreich dazu. Marrenbach warb intensiv um weitere Perlen. Zu den Bestandsimmobilien sollten Managementverträge hinzukommen. Für ihn war klar, dass die Hotellerie in dem weit verzweigten Familienkonzern nur mit Wachstum eine langfristige Chance hat: „Wenn wir den Hotels keine Perspektive geben, könnten sie in dem heterogenen Unternehmensumfeld zur Disposition gestellt und verkauft werden." Damals wanderten sogar schon gute Mitarbeiter mangels Chancen zur Konkurrenz ab, und

Marrenbach selbst fragte sich mit Mitte vierzig: „What's the next step?"

Die Anlage in Marrakesch wurde 2011 noch ohne Beteiligung der Oetker Collection fertigstellt. Der Eigentümer engagierte einen General Manager und hundert Beschäftigte – und eröffnete dann doch nicht, weil er sich vor allem als Bauherr sah und nicht als Betreiber. Allerdings hatte er eine Vision vom Hotel. Als Gast liebte er das Hôtel du Cap-Eden-Roc in Antibes, das die Oetker Collection betrieb. So ergaben sich erste Kontakte. „Damals stellte sich die Frage, ob wir überhaupt das Knowhow für eine Hoteleröffnung außerhalb Europas haben", berichtet Marrenbach. „In Marokko bekamen wir die Chance, das zu zeigen. Es war das erste Hotel, das wir nach der Gründung neu in die Oetker Collection aufnahmen." Für das Projekt in dem islamisch geprägten Land wurde extra die Formel der Unternehmenswerte geändert, die den christlichen Glauben als Fundament des Handelns nannte. „Das mussten wir säkularisieren."

Marrenbach in Marrakesch

Marrenbach ist seit dem Jahr 2000 geschäftsführender Direktor des renommierten 5-Sterne-Hauses Brenners Park-Hotel & Spa in Baden-Baden. Seit 2008 leitet er zusätzlich als CEO die Oetker Collection. Rückblickend sieht er die Mini-Hotelkette als Startup. „Wir mussten erst recherchieren, was in einem Managementvertrag genau enthalten ist", berichtet er. Marrakesch schien Marrenbach als mythische Destination und wegen der

Nähe zu Europa machbar. Er kniete sich voll in die Aufgabe, suchte Personal aus, sorgte für Schulungen, schaffte Uniformen an und kümmerte sich sogar ums Besteck. Dieses Hotel war Marrenbachs Baby. „Wir haben in Jeans und T-Shirt überall mit angepackt."

Aber Frank Marrenbach kämpfte von Anfang an mit spürbaren Kulturunterschieden: „Ich stand in den Augen der Marrokaner mit Blick auf die Kolonialvergangenheit des Landes für weiß und männlich. Da habe ich viel gelernt." Die Abläufe mussten anders geplant und kommuniziert werden als etwa in Bielefeld oder Baden-Baden. Angestellte trugen orientalische Pantoffeln zur Livree, und noch am Tag vor der Eröffnung goss ein Kellner beim Cocktailtraining in beabsichtigter Großzügigkeit die Champagnergläser randvoll. „Die Leute können sich in ihrer Armut keine Schuhe selber kaufen, und wir hatten zu den Uniformen keine bestellt", sagt Marrenbach selbstkritisch. Und niemand hatte ihnen erklärt, dass Champagner dosiert verabreicht wird und das Anstoßen der feinen Gläser mit dem Teeritual in Nordafrika vergleichbar ist. „Wem gibst du die Schuld? Dir selber", lautet Marrenbachs Fazit.

Die kleinen Fehler wurden schnell behoben, die Eröffnungsfeier auf der Dachterrasse war großartig. Als am Tag vor dem Opening noch der Welt-Launch des neuen Range Rovers unterschrieben wurde, war der Beginn perfekt. Innerhalb von zwei Jahren heimste das Hotel viele Ehrungen ein, zum Beispiel als bestes Hotel Nordafrikas. Es sollte niemals besser werden.

Drei Jahre später verkaufte der Eigentümer das Resort. Da der Oetker-Vertrag über 25 Jahre lief, war das eigentlich kein Problem. Aber schon bald gab es Dissonanzen und handfeste Konflikte. „Der neue Eigentümer hatte ein völlig anderes Verständnis, wie man mit Menschen umgeht", erzählt Marrenbach. Er berichtet davon, dass ein Vertreter des Besitzers aus heiterem Himmel verlangt habe, einen Angestellten sofort freizustellen. „Das ist ein Fundamentaleingriff, da können Sie nur sagen, das geht nicht. Diese Grenze überschreiten Sie nicht. Die Hälfte der Leute sollte plötzlich ausgetauscht werden. Das mündete in einem Streik, dann sollten hundert Mitarbeiter entlassen werden."

Die entscheidenden Gespräche über die Entlassungen gab es Mitte 2016 am Telefon über mehrere Tausend Kilometer hinweg. „Der Eigentümer war in den USA, ich in Dubai. Ich hing dauernd am Hörer und sagte, was ich selten mache: ‚I beg you not to do it.'" Als das keine Wirkung zeigte, kristallisierte sich für Marrenbach eine unangenehme Perspektive heraus: „Wir geben das Hotel auf." Das einstige Lieblingshotel stand plötzlich zur Disposition. „Denn wenn ich das akzeptiere, werden wir niemals mehr mit Integrität zu Menschen sprechen können. Das fällt auf das Gesamtunternehmen zurück."

Nach zweieinhalb Monaten fruchtloser Gespräche kam der ***Tag der Entscheidung.*** „Wir haben den Vertrag einseitig gekündigt", sagt Marrenbach trocken. Im Sommer 2016 wurde das Haus geschlossen. Lange geplante Hochzeiten mussten abgesagt und die Gäste in anderen Hotels untergebracht werden, um den Ruf der Oetker Collection nicht zu gefährden. Rückendeckung erhielt Marrenbach vom Mutterunternehmen: „Unsere Firma hat eine ganz klare Haltung, dass wir da nicht mitmachen. Es gibt ein hohes ethisches Empfinden."

Dennoch war es eine bittere Entscheidung: „Wir haben Jahre investiert, das Hotel war auf einem Top-Level. Und jetzt musste ich sagen, wir lassen es los. Aber ich bin fest davon überzeugt, dass genau das ein Unternehmen mittelfristig stark macht. Wir leben nicht nur besser damit, sondern es hat auch ökonomischen Wert. Es kommen dann die richtigen Partner zu uns, und wir verdienen uns am Ende des Tages Respekt." Selbst nach dem Ausstieg bezahlte die Collection einige Mitarbeiter ohne Vertrag monatelang, bis sie neue Arbeit gefunden hatten. Die einseitige Vertragskündigung wurde danach juristisch aufgearbeitet. Marrenbach sieht keine Alternative. „Ich bin der Kulturhüter im Unternehmen. Wir sind überzeugt, dass wir Recht haben. Culture eats strategy for breakfast."

Großer Wurf in Brasilien

Vor einigen Jahren gab die Oetker Collection die Devise aus, dass einmal bis zu 15 Häuser zur Sammlung gehören sollen; derzeit sind es neun. Ausgangspunkt war das Brenners in Baden-Baden, das die Familie Oetker 1941 vollständig gekauft hat, nachdem sie schon seit 1923 Anteile hielt. Nach dem Krieg eröffnete das Grand Hotel 1950 wieder, heutzutage hat es 104 Zimmer.

Die Collection sammelt Träume: The Lanesborough London, Le Bristol Paris, das Château Saint-Martin & Spa in Vence, das Hôtel du Cap-Eden-Roc in Cap d'Antibes. Das Eden Rock-St. Barths in der Karibik, Fregate Island Private auf den Seychellen und L´Apogée Courchevel erweitern die Sammlung.

Die jüngste Eröffnung fand in São Paulo in Braslien statt. „Das ist architektonisch ein ganz großer Wurf und für uns eine große Chance", ist Marrenbach überzeugt. „São Paulo ist das Power-Haus in Südamerika. Es gibt dort viel internationales Business-Publikum, aber wenig Luxuszimmer." Das Hotel Palácio Tangará befindet sich in einem einzigartigen alten Park. Es soll eine Insel der Behaglichkeit in der hektischen Metropole mit zwölf Millionen Einwohnern sein. Wie riskant sind solche Investitionen? „Wir sind nicht quartalsorientiert und haben keine Söldnermentalität", antwortet Marrenbach. „Entweder glauben Sie an Südamerika oder Sie schreiben den Kontinent ab. Aber das würde ich nicht tun."

Ein weiteres Hotel sollte 2018 in Manhattan eröffnet werden, das „New York Masterpiece" in unmittelbarer Nähe zum Central Park. Der Vertrag war schon unterschrieben, aber plötzlich wurde das Gebäude an einen saudischen Investor verkauft, der ausschließlich auf Büros setzt. Folge war eine Vertragsauflösung. „Geschäftlich war alles korrekt. Aber ich denke an den Verlust der Möglichkeiten, New York ist markenbildend. Wir bleiben dran. Never take no as an answer."

Auf Marrenbachs Wunschzettel stehen außerdem Rom, Los Angeles, Hongkong, Tokio, Singapur, Melbourne und seit Neuestem auch Berlin. Jahrelang war ein Hoteljuwel à la Oetker Collection wegen der niedrigen Raten in der deutschen Hauptstadt nicht denkbar, aber nun rückt es doch in den Bereich des Möglichen. Erleichtert ist Marrenbach, dass er in der Vergangenheit in Istanbul noch nicht fündig geworden ist. Dort besteht kein Interesse mehr. Sorgenkind ist Paris wegen der rückläufigen Übernachtungszahlen nach den Terroranschlägen. Angesichts der volatilen Weltlage wird es immer schwieriger, alle Standorte im grünen Bereich zu halten.

Die edle Hotelsammlung hat nach Einschätzung Marrenbachs ein gutes Standing in der Oetker-Gruppe, die mit Backpulver, Radeberger Bier, Schifffahrt und Finanzgeschäften 2016 einen Umsatz von fast zwölf Milliarden Euro erzielte. „Wir sind als Oetker Collection keine Liebhaberei in der Gruppe. Inzwischen haben wir fast 3.000 Mitarbeiter, machen 300 Millionen Euro Umsatz im Jahr und überweisen einen ordentlichen Betrag nach Bielefeld.“ Im Durchschnitt haben die Häuser weltweit eine Belegung von 72 Prozent mit einer für Deutschland nicht erreichbaren Durchschnittsrate von 1.024 Euro pro Zimmer.

Grenzen sind zum Überschreiten da

Marrenbach kennt sich in vielen Erdteilen aus. Schon seine Eltern schickten ihn und seinen Bruder ab dem vierzehnten Lebensjahr in Auslandscamps nach der Devise: „Eure Zukunft wird einmal Europa sein.“ Nun ist es sogar die ganze Welt geworden. Er ist so oft unterwegs, dass er bisweilen nach einem deutschen Wort für einen englischen Begriff oder Aphorismus sucht, der in seinem Kopf erscheint. Dann lässt er die Übersetzung bleiben und beschreibt den Trend, den er in der Gesellschaft sieht, wie folgt: „I want everything now." Alles wird schneller und anspruchsvoller. Die „Nowness", das Jetzt-gleich-haben-Wollen, verändert die Branche. „Warten als solches gilt als nicht akzeptabel." Extrem freie Zeiteinteilung ist gefragt. Immer weniger Leute wollen ein vorgegebenes 4-Stunden-Menü absitzen, auch wenn die Küche wie im Brenners Park-Restaurant zwei Sterne hat, dafür ist Frühstück bis 13 Uhr angesagt.

Marrenbach überquert Grenzen nicht nur mit dem Flugzeug, sondern auch mit seinen Gedanken. Er schaut sich an, wie die Automobilindustrie funktioniert, die Textilwirtschaft und die Medien. Fazit: Alle bieten immer mehr maßgeschneiderte Produkte an. Was bedeutet diese Individualisierung für die Hotellerie? „Die Qualität der Begegnung wird noch wichtiger", ist Marrenbach überzeugt. „Hotels können inszenieren, überraschen, zusammenfügen. Das eröffnet großartige Möglichkeiten." Dabei kommt es auf die emotionale Intelligenz der Mitarbeiter an. „Sie brauchen extrem starke empathische Fähigkeiten."

Derzeit verschaffen sich Weltklasse-Hotels einen Wettbewerbsvorteil unter anderem mit ihren Kundendateien. „Die Oetker-Collection hat 300.000 hochwertige Gästeprofile, damit wir nicht auf die Mercy… die Gnade… der großen Vermittlungsportale angewiesen sind", betont Marrenbach. Wer vor der Ankunft des Gastes weiß, dass dieser gern frischen Maracujasaft trinkt, das Sofa mit einem Leintuch abgedeckt haben möchte und eine besonders große Parklücke benötigt, kann die entsprechenden

Vorkehrungen treffen. Der Gast fühlt sich wahrgenommen und wiedererkannt. „80 Prozent der Menschen sind bereit, ihre Daten zu geben, wenn sie einen Nutzen davon haben. Individualisierung bedeutet, für den Gast das Richtige zum richtigen Zeitpunkt zu tun."

Die Konkurrenz wird schärfer, viel Geld wird in die Branche gepumpt. Auch in Baden-Baden wächst der Wettbewerb mit einem frischen Roomers-Hotel und dem gediegenen Europäischen Hof von Steigenberger. Hat Marrenbach Sorge, dass das 140 Jahre alte Brenners irgendwann einmal nicht nur ehrwürdig, sondern schlicht alt ist? „Überhaupt nicht", kommt es sofort zurück. Die Hotels ergänzten sich gegenseitig, das Roomers sei sogar ein „Glücksfall" für Baden-Baden, weil es den Standort insgesamt auch für neue Zielgruppen attraktiv mache. Die Geschäftszahlen scheinen das zu bestätigen: Das Grandhotel erzielte 2016 den Rekordumsatz von 26 Millionen Euro, ein Anstieg von elf Prozent im Vergleich zum Jahr davor. Die Durchschnittsrate pro Zimmer lag bei 606 Euro bei einer Belegung von 63,5 Prozent.

„Je virtueller die Welt wird, desto mehr gibt es das Bedürfnis nach Geborgenheit und Harmonie. Baden-Baden am Fuße des Schwarzwaldes steht für die schöne Welt, home away from home." Dabei ist es wichtig, immer das Ohr an den Menschen zu haben: „Kritik ist eine kostenlose Beratung." Aber es geht nicht nur um Wellness, Fitness, Gesundheit und Komfort. Auch der Atem der Geschichte ist zu spüren: Am 15. Februar 1962 legten Bundeskanzler Konrad Adenauer und Staatspräsident Charles de Gaulle in diesem Hotel den Grundstein für den deutsch-französischen Freundschaftsvertrag – und damit auch für die europäische Einigung. Diesen Anker in der Historie hat ein neues Hotel nicht.

Spürbarer Druck

Der jüngste Spross im Parkhotel heißt Stéphanie: Villa Stéphanie. Deutlich mehr als 20 Millionen Euro hat das Unternehmen in den komplizierten Umbau des historischen Gebäudes investiert. Aus der früheren Privatklinik wurde eine einzigartige Spa-Welt mit 15 Zimmern. Komplikationen am Bau blieben nicht aus. Nun können sich die Gäste von Kopf bis Fuß maßgeschneidert verwöhnen lassen, auf Wunsch wird individuell gekocht. Die Suiten braucht man kaum mehr zu verlassen, denn dort sind alle Anwendungsmöglichkeiten schon eingebaut, inklusive dem herrlichen Blick in den Park. Das Konzept basiert auf den vier Komponenten Beauty, Detox & Ernährung, Emotional Balance, Medizin.

Nun, zwei Jahre nach der Eröffnung, entspannen sich nicht nur die Gäste, sondern auch Marrenbach kann durchatmen. „Die Villa ist sehr gut eingeführt“, sagt er. Einen Moment lang ist seine Anspannung zu spüren. CEO und Hotelchef zu sein hat nichts mit Lustreisen durch die Weltgeschichte zu tun. „Viele denken, das läuft alles von selbst“, schildert er manche Vorurteile, die er hört. „Aber von allein geht nichts. Und wenn die Villa Stéphanie nicht gelingen würde, dann zählen nicht die Jahre, die ich schon hier bin, dann ist man unter Druck.“ Aber nun geht alles gut. Die Auslastung liegt bei über 70 Prozent bei einer Rate von 700 Euro pro Nacht. Das

Brenners insgesamt hat dadurch mehr als zehn Prozent Umsatzwachstum. „Ein schöner Abstrahleffekt", freut sich der Geschäftsführer.

Die Entschleunigung der Gäste hat ihren Preis. Ein Hotel dieser Klasse muss jederzeit auf alle Wünsche vorbereitet sein. „Wir geben uns viel Mühe, vom Gast vorab zu erfahren, welche Anwendungen etwa er buchen möchte. Aber der Gast weiß das oft selbst noch nicht und will dann einen Termin innerhalb von 24 Stunden ausmachen." So bleibt nichts anders übrig, als Kapazitäten vorzuhalten.

„Meine Frau ist einfach gut"

Steigende Auslastung – das gilt auch für den Menschen Marrenbach. „Ich bin hundert Tage im Jahr unterwegs", erzählt der verheiratete Vater zweier Kinder. „Da bleibt nur wenig Zeit für anderes." Sein Amt als stellvertretender Vorsitzender der Vereinigung The Leading Hotels of the World gab er Ende 2016 nach zwölf Jahren ab. „An Work-Life-Balance glaube ich nicht. Ich habe mein Leben sehr stark dem Beruf verschrieben. 2006 legte ich meinen Golfschläger in den Keller. Solche zeitintensiven Hobbys kann ich mir nicht leisten." Ab und zu Joggen oder mit dem Mountainbike fahren muss genügen.

Sein Verhältnis zur Arbeit umschreibt er so: „Ich liebe Wettbewerb und möchte nicht Zweiter sein. Seit 20 Jahren arbeite ich sechs Tage in der Woche." Und auch am Sonntag ist die Hotellerie irgendwie zugegen. „Ich klinke mich gedanklich nie ganz aus." Für seine Mitarbeiter gilt das allerdings nicht. Die Arbeitszeiten werden strikt eingehalten und natürlich auch bezahlt. Wer im Urlaub ist, wird in Ruhe gelassen und nicht angerufen. Er vertraut seinem Team, neigt zu einem kooperativen Führungsstil, will Mitarbeiter ermutigen, spricht mit ihnen und meint: „Die autoritäre männliche Stärke im konventionellen Stil ist nicht zukunftsfähig."

Wie kann all das funktionieren? „Meine Frau ist einfach gut. Ich kenne Silke seit mehr als 30 Jahren und bin mit ihr über 20 Jahre verheiratet. Sie hält die Dinge zusammen und sie hält mir den Rücken frei", räumt Marrenbach unumwunden ein. So haben seine Söhne Friedrich und Ludwig ihre wichtigen Lebensphasen mit Schulabschluss und Ausbildungsbeginn gut gemeistert.

Der 1966 geborene Frank Marrenbach wuchs in Ratingen bei Düsseldorf auf und wollte als Jugendlicher eine Banklehre machen, absolvierte dann aber eine kaufmännische Ausbildung im Steigenberger Parkhotel Düsseldorf. „Die Hotelhalle hat mir gleich besser gefallen als die Schalterhalle der Bank." Auf der Hotelschule in Koblenz lernte er Carsten Rath kennen, der bis heute sein Freund ist, obwohl sie zwei sehr unterschiedliche Menschentypen sind. Danach arbeitete er im renommierten Hotel The Berkeley in London, im Hôtel de Crillon in Paris, wieder bei Steigenberger im Frankfurter Hof und im Gästehaus auf dem Petersberg. Als nicht einmal Dreißigjähriger bekam er den Egon-Steigenberger-Preis. Berufsbegleitend bestand er 2003 die Prüfung zum Master of Business Administration an der State University of New York at Albany – zugleich Bewährungsprobe für seine

Familie und Zeichen für sein berufliches Vorankommen. Neben seinen zahlreichen beruflichen Aufgaben sucht und fördert er als Geschäftsführer der Alfred-Brenner-Stiftung Talente.

Mit 50 Jahren hat Marrenbach fast alles erreicht, ist 2016 auch noch Hotelier des Jahres der *Allgemeinen Hotel- und Gastronomie*-Zeitung AHGZ geworden. „Ziele gibt es zuhauf, und unendlich viele Möglichkeiten", sagt er. „Ich wollte niemals woanders arbeiten. Nur einmal habe ich mich dafür interessiert, wie man Botschafter wird. Aber ein Jura-Studium kam für mich nicht in Frage."

Der Mensch hinter dem CEO und Geschäftsführer ist schwer zu fassen. Als Vorbilder nennt er seine Eltern, die ihm Orientierung gegeben sowie Geschäftssinn und Pünktlichkeit beigebracht haben. Er stammt nicht aus reichem Hause, fühlt sich aber in der Luxushotellerie wohl. Entscheidende Fehler in seinem Leben fallen ihm nicht ein. Sein Credo lautet: „Never cry over spilled milk." Was vorbei ist, ist vorbei. Das Beste daraus machen, auch wenn es nicht immer gut läuft – und Erfolg genießen. Denn er weiß um die Vergänglichkeit. Als Christ ist ihm bewusst, dass er Teil eines großen Ganzen ist.

Schon in jungen Jahren wollte er finanziell unabhängig sein, einen hohen Grad von Autonomie haben, Herausforderungen meistern, aber dabei anständig bleiben. „Ich tue Dinge nicht gegen mein moralisches Empfinden. Das ist ein Teil meines Lebensglücks." Hinzu kommen Großzügigkeit und die Fähigkeit, sich selbst zu hinterfragen.

Wenn er mit seinem Hund Gandhi in den Wäldern um Baden-Baden spazieren geht, denkt er daran, dass er viel Fortune hat. Er lebt im Einklang mit seinem Beruf, seiner Familie und mit den hohen Anforderungen, die an ihn gestellt werden. Und welchen persönlichen Lebenstraum hat er? „Dass die Oetker Collection weltweit als Referenzprojekt für die Kategorie 5-Sterne-Plus wahrgenommen wird."

DIETER SCHMID

Schönheit aus der Ferne

Dieter Schmid ist in vierter Generation Inhaber der Privatbrauerei Waldhaus im Südschwarzwald. Ein erfülltes Leben ist für ihn wichtiger als maximaler Gewinn.

Wer dem geschäftsführenden Gesellschafter der Waldhaus Brauerei, Dieter Schmid, in seiner Abwesenheit eine E-Mail schreibt, erhält überraschend folgende automatische Antwort: „…Wenn Sie das lesen, werde ich die Zeit im Kreise meiner Familie genießen. Damit ich danach nicht von einem übervollen E-Mail-Ordner begrüßt werde, wird diese Mail automatisch gelöscht…"

Während viele Chefs niemals eine Nachricht verloren geben und so tun, als ob sie gar nicht wüssten, was Ferien sind, lebt Schmid seine Lebensphilosophie ganz offen. „Ich nehme immer dann Urlaub, wenn die Kinder frei haben." Eine Woche Skifahren im Frühjahr, je zwei Wochen zu Weihnachten, Ostern und Pfingsten, drei Wochen im Sommer. Dann gibt es noch eine Woche, die er mit seinen Freunden segeln geht. „Das sind elf Wochen im Jahr", rechnet er vor. „Und ich bereue es nicht. Seit die Kinder geboren sind, praktiziere ich es so. Ich habe jede Theateraufführung und jedes Klavierspiel unserer Kinder gesehen. Das sind die wahren Erlebnisse, das hält unsere Familie zusammen."

Seinen Tag beginnt Dieter Schmid mit Sport. Im Sommer läuft er zehn Kilometer durch den Wald, im Winter ist der Cross Trainer sein Partner. „Beim Laufen kommt man auf die tollsten Ideen", erzählt er. Danach setzt er sich oft an den Computer und notiert seine Einfälle. Zu seinem Programm gehört außerdem Krafttraining und zweimal in der Woche Tennis. Vor mehr als zehn Jahren lief er einen Marathon, als er an der SWR-Fernsehdokumentation „Von null auf 42" teilnahm und sich von dem ehemaligen Leichtathleten und heutigen Sportmediziner

Thomas Wessinghage trainieren ließ. „Ich stehe in der Work-Life-Balance-Pyramide ganz oben. Es geht darum, dass ich mich wohlfühle und gesund bleibe. Es passt alles, besser kann es nicht sein."

Der 1968 geborene Dieter Schmid lebt in Waldhaus, zwischen Schluchsee und Schweizer Grenze im Südschwarzwald. Der Ort liegt auf 800 Metern Höhe, gehört zur Gemeinde Weilheim und ist so klein, dass er als Wohnplatz bezeichnet wird. Größtes Gebäude ist die 4.600 Quadratmeter große Logistikhalle der Brauerei. Hinzu kommen das Sudhaus, Büros und ein Gasthof mit Biergarten. Die Lage direkt an der Schwarzwaldhochstraße B 500 bringt stetiges Geschäft. Schmid leitet die Brauerei in der vierten Generation und hat daraus ein ungewöhnliches Arbeits- und Lebensprojekt gemacht.

Markenkern ist das Lächeln

Zu Hause fängt er mit den Geschäftsmails an, um zehn Uhr ist er im Büro. Die 100 Meter legt er mit dem Mountainbike zurück. In Südbaden kennen ihn viele, weil er das Werbegesicht der Marke ist und von riesigen Plakaten den Kunden in die Augen schaut. Mit seinen langen, zurückgekämmten Haaren sieht er eher aus wie ein Künstler, nicht unbedingt wie der typische Bierbrauer. „Klar könnte ich auch eine Lederhose anziehen, aber das wäre nicht ich", sagt er dazu. Nur für sein Oktoberfest in der Brauerei macht er eine Ausnahme. „Ich habe Briefe bekommen, in denen stand, dass ich mir die Haare schneiden soll. Das will aber meine Frau nicht. Bierbrauen ist eine Kunst. Wir sind authentisch."

Im Betrieb hat er ein Team zusammengestellt, das ihm den Rücken freihält. Das lässt er gern auch andere wissen. So heißt es in Schmids Abwesenheitsmail weiter: „… Ich bin mir sicher, dass Ihnen meine tollen Mitarbeiter/innen weiterhelfen können. Ich hoffe auf Ihr Verständnis für dieses vielleicht unübliche Vorgehen, empfehle Ihnen aber, dies in Zukunft auch einmal auszuprobieren!"

Ungewohnt ist auch sein Ziel: Er will seinen vierzig Mitarbeitern, seinen Kunden, Lieferanten und deren Familien ein Lächeln ins Gesicht zaubern. „Jegliches Tun richtet sich nach diesem Markenkern aus", beteuert er. Dies ist nicht der Leitspruch eines esoterischen Zirkels, sondern eines kleinen, aber edlen Players im hart umkämpften Biermarkt. Führt die allseits entspannte Miene wirklich zum betriebswirtschaftlichen Erfolg? „Die Frage ist falsch gestellt", antwortet Schmid. „Gerade deswegen können wir Geld verdienen, weil das Wachstum nicht das oberste Unternehmensziel ist."

Während der Bierkonsum in Deutschland insgesamt rückläufig ist, wächst die Produktion bei Waldhaus jedes Jahr um zehn bis fünfzehn Prozent. 2016 lag der Ausstoß bei rund 90.000 Hektolitern und der Umsatz bei etwa zehn Millionen Euro. Rund ein Fünftel des Geschäfts macht Waldhaus mit Gastronomie und Hotellerie. Das Unternehmen braut 13 Sorten vom leichten Sommerbier mit 2,9 Prozent Alkohol bis zum kräftigen Doppelbock, das 8,5 Prozent Alkohol aufweist. Die bekannteste Sorte heißt Diplom Pils. Große Namen wie Radeberger, Oettinger, Bitburger oder Warsteiner sind vom Ausstoß her 50- bis mehr als 100-mal größer.

Ehrgeizige Ziele

Die Geschichte der Privatbrauerei Waldhaus begann 1833, als Altvogt Dietsche aus dem Örtchen Remetschwiel das damalige Forsthaus kaufte und dort eine Brauerei errichtete. 13 Jahre spätere brannten nach einem Blitzschlag alle Gebäude nieder, und er baute sie rund 200 Meter weiter südlich, am heutigen Standort, wieder auf. 1894 erwarb Johann Schmid den Betrieb, er wurde damit der Stammvater des Familienbetriebs. 1939, als die Brauerei rund 3.500 Hektoliter Bier erzeugte, übergab er an seinen ältesten Sohn Friedrich. 30 Jahre später übernahm dessen Sohn Helmar, der Vater von Dieter Schmid, das Unternehmen.

Dieter Schmid begann 1997 als Geschäftsführer für Vertrieb, Marketing und Personal. „Mir war schnell klar, dass neben dem Produkt die Mitarbeiter das Fundament sind. Wenn sie Spaß an der Arbeit haben und gerne kommen, dann haben wir Potenzial. Aber ich habe zehn Jahre gebraucht, bis ich mein Team zusammen hatte. Das war ein großes Kommen und Gehen, bis es passte."

Schmid machte aus Sachbearbeitern Führungspersönlichkeiten. Er informierte über das Erreichte und die Ziele, schuf Transparenz. Da kam nicht jeder mit. „Wenn ein Mitarbeiter nach 20 oder 30 Jahren nicht mehr ins Team passt oder wenn jemand zum Bremser wird, muss man konsequent sein und sich sozialverträglich trennen." Waldhaus ist kein Kuschelclub, freiwillig will keiner gehen. Dann braut sich manchmal etwas zusammen, und es knallt auch schon mal. „Inzwischen harmonisieren wir extrem gut, die Mühlen mahlen sehr schnell. Es ist enorm, wie viel Potenzial drin steckt, wenn alle mitziehen."

Bei Schmids Einstieg war die Welt des Bieres noch in Ordnung. Nach der deutschen Wiedervereinigung erreichte die Produktion 1992 mit rund 120 Millionen Hektolitern den Höhepunkt. Dann begann ein schleichender Abstieg bis auf rund 95 Millionen Hektoliter im Jahr 2016. Die Getränkepalette verändert sich. Zuerst kamen Mischgetränke in Mode, dann gab es den Trend zu Bier mit wenig Alkohol. Seit einigen Jahren macht die Craft-Beer-Szene Furore mit vielen neu gegründeten, dezentralen Mini-Brauereien und einer nie dagewesenen Vielfalt an hopfigen und malzigen Geschmacksnoten.

Der Durchbruch für Waldhaus begann 2007. Bis dahin wuchs die Brauerei jährlich um ein bis drei Prozent, aber nachdem alle Positionen richtig besetzt waren, gab es Raum für Visionen. „Ich habe damals gesagt, wir verdoppeln unseren Ausstoß in sieben Jahren. Viele dachten, ich spinne. Aber wir haben es in sechs Jahren geschafft." Inzwischen peilt er für 2018 die Marke von 100.000 Hektolitern an. „Nun gibt es schon das neue Ziel: 140.000 Hektoliter. Alle ziehen mit. Die Frage ist nur: Wollen wir das überhaupt? Muss das sein?"

Schmid betont: „Geld verdienen ist nicht ausschlaggebend. Wir könnten alle mehr Freizeit haben, wenn wir auf hohem Niveau stagnieren. Aber der Erfolg macht extrem Spaß." Da kommt wieder das Lächeln ins Spiel.

Und als Dankeschön für das erfolgreiche Geschäftsjahr 2015/2016 lud er kurzerhand die Belegschaft mit Ehepartnern für drei Tage nach Berlin ein.

Hopfen im Blut

Waldhaus arbeitet wie nur zwei Prozent aller Brauereien mit Naturhopfen. Am Anfang wurde Schmid dafür belächelt. „Jeder kannte Schmids Waldhaus als die Naturhopfen-Spinner, die es nicht blicken und die Umstellung auf Pellets oder Extrakt verpasst haben." Auch beim Material der Kessel im Sudhaus ist er eigen. Während andere mit Edelstahl modernisieren, kommt für ihn nur Kupfer in Frage. Das Bier lässt er vorsorglich auf 15 Pflanzenschutzmittel untersuchen.

Das kam ihm zu Gute, als vor einigen Jahren über Rückstände von Herbiziden in Nahrungsmitteln diskutiert wurde. Damals wurde Glyphosat in einigen Biersorten nachgewiesen. „Wir haben dazu 200 Anfragen von Kunden bekommen", erzählt Schmid. Waldhaus war nicht betroffen. „Das war klar, aber auf solche Diskussionen muss man vorbereitet sein. Für uns war es der Beweis, dass sich freiwillige Untersuchungen lohnen."

„Wir trinken wahnsinnig gern unser Bier selbst, da will man natürlich nur das Beste zu sich nehmen", erklärt Schmid kokett. Die Rechnung des Qualitätsfanatikers ging auf: Die Produkte gewannen Dutzende nationale und internationale Preise, etwa beim Dublin Craft Beer Award oder beim World Beer Cup in den USA. Bei der

Monde Selection in Brüssel reichte Waldhaus 2015 zehn Biere ein und gewann zehn Mal Gold.

Als Dieter Schmid im Mai 1968 in Waldhaus zur Welt kam, war ihm die Brauerei bereits in die Wiege gelegt. Mit drei Jahren verlor er seine Mutter, und Vater Helmar kümmerte sich um die Kinder und das Geschäft. Die Familie wohnte neben dem Betrieb, die Brauerei war der Spielplatz. Zur Mittagszeit und abends kam der Vater nach Hause, an Wochenenden hatte er frei. „Ich wurde von der Arbeit weitgehend ferngehalten, musste wenig helfen."

Bis ins Teenager-Alter war für ihn die berufliche Zukunft in der Brauerei kein Thema. „Mein Vater konnte Arbeit und Familie gut trennen, er nahm Probleme nicht mit nach Hause. Man spricht sonst zu oft über das Negative. Die Familie nimmt den Betrieb als Störfaktor wahr." Das ist für ihn das Vorbild bis heute. Mit seiner Ehefrau Katja bespricht er am Wohnzimmertisch beruflich nur das Notwendigste.

Mit 13 oder 14 Jahren kam das Gespräch erstmals auf das Unternehmen. Der Vater fragte die zwei Jahre ältere Schwester, ob sie sich vorstellen könne, einmal in die Brauerei einzusteigen. Da grätschte Dieter Schmid dazwischen und sagte: „Das geht gar nicht, das mache ich." Zumindest wird diese Geschichte in der Familie erzählt, er selbst kann sich nicht mehr so genau daran erinnern. Seine Schwester Petra ging in die Hotellerie und lernte auf der Hotelfachschule in Lausanne. Schließlich kam sie nach vielen Jahren zurück in die Region und ist nun bei der Sparkasse für die Aus- und Fortbildung zuständig.

Dieter Schmid war kein guter Schüler. „Meine Leistungsbereitschaft war sehr niedrig, entsprechend waren die Ergebnisse." Nach dem Abitur, das er mit der Note 3,2 schaffte, war klar: „Ich will jetzt keine Schule mehr." Sein Vater vermittelte ihm einen Ausbildungsplatz bei Hoepfner in Karlsruhe, einer Brauerei mit noch längerer Tradition als der Betrieb in Waldhaus.

Dort zeigte sich, dass Dieter Schmid den Hopfen doch irgendwie im Blut hatte. Er fand Gefallen an der Bierbrauerlehre. Mit dem Spaß kam der Erfolg. Die Lehr-Prüfung schloss er mit der Note 1,1 ab. Damals war die 1798 gegründete Brauerei in der Hoepfner Burg fast zehnmal so groß wie der Betrieb in Waldhaus. „Heute überholen wir sie fast", stellt Schmid fest.

In der Ferne ist die Heimat am nächsten

Dann kam das große „Was jetzt"? Ein direkter Einstieg in den väterlichen Betrieb kam für ihn nicht in Frage. Die Lösung hieß: Ein Around-the-world-Ticket, das er zusammen mit seiner damaligen Freundin und heutigen Ehefrau kaufte. Am 8. März 1990 stiegen sie in Frankfurt in eine Maschine der Gesellschaft Garuda Indonesia und freuten sich auf die Route Frankfurt-Bangkok-Kuala Lumpur-Singapur-Sidney-Auckland-Fidschi-Hawaii-Los Angeles. „Meinem Vater habe ich es erst gesagt, als ich das Ticket gekauft habe. Er fand es nicht gut, hat es aber cool akzeptiert."

„Wir hatten für ein Jahr jeder 8.000 D-Mark in Traveller Checks dabei", erzählt Schmid. In Thailand tauchten sie in die Welt der Rucksackreisenden ein. Sie hatten keine Kreditkarte, Handys gab es noch nicht. Das Land war sicher, die Menschen waren offen, manchmal gaben sie nur drei D-Mark am Tag aus.

So locker und leicht die Szene war, die Kehrseite bestand aus Drogen, Armut, Slums. „Wir haben Europäer gesehen, die nicht mehr wussten, wo sie sind." Auf „Full Moon Partys" in Krabi, auf Ko Samui oder Ko Phangan starben Menschen im Rausch. Schmid wollte immer weg von den Touristenströmen, stets noch eine Insel weiter. In Fidschi kamen sie auf ein Eiland, das sie in einer Viertelstunde zu Fuß umrunden konnten. „Es gab nichts zu tun, und es war interessant zu beobachten, wie die Zeit trotzdem vergeht."

Damals wurden Traveller Checks in den Banken großer Städte in Bargeld umgetauscht. Die Reisenden trugen daher auf den abgelegenen Inseln oft große Mengen Bargeld mit sich. „Wir hatten immer Glück, es gab keine negativen Erfahrungen." Das GPO, General Post Office, war der Anker im zerfließenden Raum-Zeit-Kontinuum: Dort wurden Briefe in die Heimat geschickt und die Angehörigen konnten den Weltenbummlern Informationen von zu Hause postlagernd senden. Es war die globale Post 2.0 mit Rückkanal. Nur zweimal, in Malaysia und Neuseeland, telefonierten sie mit dem Schwarzwald.

Obwohl sie froh waren, der Heimat entflohen zu sein, rückten plötzlich immer mehr die positiven Seiten Deutschlands ins Gesichtsfeld. Überall lobten die Menschen Mercedes, Bayern München, Bier und Boris Becker. Hinter der Exotik schaute Elend unter Palmen hervor. Extrem war der Kontrast in Bangkok zwischen Bretterverschlägen am Chao Phraya und den neuen, glitzernden Shopping Malls.

In der Weltstadt Los Angeles besuchten sie Bekannte, die aus Deutschland ausgewandert waren, und landeten in einer Siedlung mit Mobile Homes, einer Art größeren Wohnwagen. „Es war kein Leben, bei dem man sagt, toll, dass die beiden in die USA ausgewandert sind." Auf diese Weise rücken die Vorzüge Deutschlands immer mehr in den Mittelpunkt: Kultur, soziale Absicherung, das geringere Klassengefälle. „Das hat uns sehr geprägt." Es waren die ***Tage der Entscheidung.*** „Auf der Reise wurde uns nach und nach klar: Wir brauen Bier und wollen zu Hause leben."

Damit verbunden war nicht nur eine Berufswahl, sondern es ging um eine neue Lebensphilosophie. „Wir kamen extrem positiv gestimmt zurück", erinnert sich Schmid. „Man lebt 20 Jahre in Deutschland und sieht die guten Dinge nicht, hört nur Negatives. Kaum einer kann ermessen, wie gut es uns geht. Dafür können wir jeden Tag dankbar sein." Schmid hat auf der Reise Aussteiger kennengelernt, die zehn Jahre open End unterwegs und immer auf der Suche nach dem neuen Kick waren. „Das hätte uns auch passieren können", sagt Dieter Schmid rückblickend. Aber er und Katja landeten am 2. März 1991 in Frankfurt. Sie hatten endlich ihr Ziel in der Heimat gefunden, geografisch und mental.

Zwei diplomierte Herzen

Er studierte Betriebswirtschaft an der FH Pforzheim mit dem Schwerpunkt Absatzwirtschaft und Marketing. Anschließend ließ er sich in Weihenstephan zum Diplom-Braumeister ausbilden. Seither schlagen in seiner Brust zwei Herzen: Der Betriebswirt, der möglichst sparsam wirtschaften will, und der Braumeister, der ohne Blick auf die Kosten das bestmögliche Produkt kreieren möchte. „Es ist wichtig, dass das Herz fürs Produkt stärker schlägt", unterstreicht er.

„Der Betriebswirtschaftler würde vielleicht sagen, das billigere Produkt schmeckt auch gut. Es gibt Hunderte Möglichkeiten, das Bier nach oben oder unten anzupassen. Wenn man aber mehrere Stellschrauben in die falsche Richtung dreht, kann plötzlich ein 08/15-Bier herauskommen." Da nur die Qualität entscheidet, ist Waldhaus etwa 70 Prozent teurer als nationale Marken. „Die Kunst ist es, die Qualität langfristig zu halten", betont Schmid. Manche modernen Biere lösten beim ersten Kontakt am Gaumen ein geschmackliches Feuerwerk aus, schon der zweite Schluck wirkt aber langweilig oder parfümiert.

Wie geht es nun weiter? Im ersten Stock brodelt in den 140 Hektoliter fassenden Kupferkesseln das Gemisch aus Malz und Wasser mehrere Stunden lang. Der Siedepunkt liegt wegen der Höhenlage bei 97 Grad. Ab und zu wird Hopfen hinzugegeben, insgesamt etwa 30 Kilogramm. Beim Rundgang begegnet man auch Vater Helmar, der im feinen Anzug mit Krawatte im Büro sitzt und mit den

Mitarbeitern plaudert. Sein Sohn steht mit hellblauem Kapuzenshirt daneben. Zwei Generationen mit unterschiedlichen Konzepten, zwei Patriarchen im positiven Sinne.

„Wir möchten nicht innerhalb kürzester Zeit möglichst viel abschöpfen, sondern den Betrieb generationenübergreifend weiterführen", betont Dieter Schmid. Dabei hofft er, dass seine beiden Kinder Janina und Yannik sich auch einmal vom Hopfen verzaubern lassen. Wie sein Vater ihn, ließ er sie lange in Ruhe und kam erst im Teenageralter mit dem Thema. Geklärt ist die Frage aber noch lange nicht. „Meine Zeit als Geschäftsführer ist begrenzt", sagt Schmid. „Die Aufgabe ist es, das Unternehmen rechtzeitig an die nächste Generation zu übergeben."

HEINER FINKBEINER

Das Gewissen meldet sich

Heiner Finkbeiner machte aus einem Gasthaus im Schwarzwald ein Gourmethotel mit internationaler Klasse. Viele Jahre später meldete sich sein Gewissen.

In einem kleinen Zimmer im Stammhaus der Traube Tonbach in Baiersbronn wurde Heiner Finkbeiner am 2. Januar 1949 geboren. „Wir hatten zwei Kühe, fünf Schweine und einen Holzkohleofen“, erzählt Finkbeiner. „Mein Vater war Architekt, der Großvater betrieb die Bäckerei, meine Mutter arbeitete in der Küche und der Onkel war der Hotelier.“ 1950 öffnete die Pension erstmals nach dem Zweiten Weltkrieg und der französischen Besatzung wieder mit 22 Zimmern für Gäste. Sein Onkel machte daraus ein Sporthotel mit 140 Zimmern, das für damalige Verhältnisse schon luxuriös mit Bädern und Balkonen ausgestattet war.

Das Haus lag damals ziemlich abgelegen im Schwarzwald in einem Seitental über dem plätschernden Tonbach. Es war ein verträumter Ortsteil mit ein paar familiengeführten Betrieben, die Tanne und Waldlust heißen. Skifahrer liebten die schneesicheren Winter auf knapp 600 Metern Höhe. Nichts deutete darauf hin, dass dort einmal der Mittelpunkt der kulinarischen Welt Deutschlands entstehen würde: Das 5-Sterne-Superior-Hotel Traube Tonbach mit dem 3-Sterne-Gourmetrestaurant Schwarzwaldstube. Für den unglaublichen Aufstieg ist neben Finkbeiner vor allem auch sein langjähriger, genialer Küchenchef Harald Wohlfahrt verantwortlich.

Als der Vater von Heiner Finkbeiner, der Architekt Albert Finkbeiner, Ende der 1950er Jahre immer erfolgreicher wurde, baute dieser sein eigenes Wohnhaus in Baiersbronn, und die Familie zog aus der Traube aus. Heiner Finkbeiner begann als Jugendlicher eine beachtliche sportliche Karriere. Er schien mit Skiern an den

Füßen geboren zu sein, maß sich schon als Teenager mit den Großen und wurde mit 16 Jahren Deutscher Jugendmeister im Skispringen, Dritter in der Kombination, und im Langlauf belegte er den achten Platz. Dadurch nahm er an internationalen Wettbewerben teil, lernte die Wintersportgebiete von Frankreich und Italien kennen. Dort trat er auch gegen den Schweizer Walter Steiner an, der als „Vogelmensch" in die Geschichte einging und 1972 in Slowenien die erste Skiflug-Weltmeisterschaft gewann.

Wenn kein Schnee lag, spielte Finkbeiner Tennis, auf ähnlich hohem Niveau. Einer seiner härtesten Konkurrenten war Klaus Hofsäss, der später die Tennislegende Steffi Graf beriet und mit der Damen-Mannschaft zweimal den internationalen Mannschaftswettbewerb Fed Cup gewann.

Der dritte Weg

Da Finkbeiner ein gutes räumliches Denken hatte, konnte er sich später auch den Einstieg in Vaters Architekturbüro vorstellen. Zwei Karrieren lagen greifbar vor ihm – doch er musste einen dritten Weg einschlagen, bei dem es zunächst mächtig holperte.

Nach einer guten Mittleren Reife am Progymnasium Baiersbronn wechselte Finkbeiner aufs schwierige Gymnasium nach Freudenstadt. Fremdsprachen waren nicht seine Stärke. Als er dann in Englisch und Französisch jeweils eine Fünf bekam, war seine Schullaufbahn über Nacht zu Ende. „Ich wurde nicht versetzt, hätte aber wiederholen können", berichtet er. Die Familie drängte jedoch darauf, dass er Koch lernt und ins Familienhotel einsteigt. Da sein Onkel keine eigenen Kinder hatte, lastete der ganze Druck auf ihm.

Finkbeiner wollte das nicht. „Ich sah, wie die Großeltern von morgens bis abends arbeiten mussten. Für mich gab es den Sport. Aber mir wurde erklärt, dass es nur sehr wenige ganz nach oben schaffen." Das erzählt Finkbeiner emotionslos, fügt aber mit Nachdruck hinzu: „Es ist klar, dass man vieles erreichen kann, wenn man Ehrgeiz hat."

Jedenfalls war damit die Sportkarriere abgehakt. „Zeichnen und Entwerfen hat mir auch gut gefallen", erinnert sich Finkbeiner. Dazu hieß es im Familienkreis jedoch, die Gastronomie sei interessanter als die Architektur. „Ich hatte keine Ahnung und keine Lust dazu", sagt er. „Aber die haben mich rumgekriegt." Da Finkbeiner wenigstens einen Kompromiss schließen wollte, begann er seine Lehre im Hotel Marktplatz in Garmisch-Partenkirchen mit der Absicht, in seiner Freizeit weiter Sport zu treiben.

Die Ernüchterung kam am ersten Tag: „Die Küche lag unter Tage, insgesamt waren es widrige Verhältnisse." Sportlich jedoch integrierte er sich schnell. Er fand Freunde im Tennisclub SC Riessersee und wurde mit der Mannschaft bayerischer Meister. „Wir feierten dann bis in die Puppen, am nächsten Morgen habe ich verschlafen, kam zu spät und hatte sowieso nicht das beste Verhältnis zum Küchenchef." Kurzum: Er brach die Lehre nach dreieinhalb Monaten ab und kehrte nach Baiersbronn zurück.

Finkbeiner wusste zunächst nicht, was er tun sollte. „Ich habe mit mir gehadert." Dann nahm seine Familie Kontakt mit dem Hotel Sommerberg in Wildbad auf, einem der besten Häuser im Schwarzwald. „Wieder musste ich überredet werden, dort meine Lehre zu beginnen. Ich dachte, mich zerreißt es innerlich."

Vom Sport war er es gewohnt, sich zu schinden, und er war so schnell nicht unterzukriegen. Das half ihm beim Einstieg in die Lehre. Nach einigen Wochen fand er langsam Gefallen daran, hatte plötzlich sogar Spaß. Und als sein Onkel wissen wollte, ob er einmal ins Hotel einsteigen würde, hieß die Entscheidung: Ja, ich mache es. Der Knoten war geplatzt: Finkbeiner schloss die Ausbildung 1968 mit 1,0 ab. Jahrelang rührte er keine Skier und keinen Tennisschläger mehr an.

Begegnung mit der Kochelite

In seinen Wanderjahren arbeitete Finkbeiner in einigen der besten Köcheschmieden. Im Bayerischen Hof in München kochte er zusammen mit Hans-Peter Wodarz, der später mit seinen beiden Sterne-Restaurants „Die Ente im Lehel" in München und „Die Ente vom Lehel" in Wiesbaden bekannt wurde. Wodarz gilt mit seinen ehemaligen Gastronomien Pomp Duck and Circumstances in Berlin und anderen Städten auch als ein Wegbereiter der Eventgastronomie. Im Bachmaier am Tegernsee traf Finkbeiner Heinz Winkler, der viele Jahre später als Küchenchef im Restaurant Tantris in München den dritten Michelin-Stern holte. Von Winkler übernahm Finkbeiner in Rottach-Egern die Leitungsposition Chef de Partie.

An der Hotelfachschule Heidelberg legte Finkbeiner sein Examen als staatlich geprüfter Betriebswirt ab. In der Küche des Genfer Sterne-Restaurants Amphitryon lernte Finkbeiner als Chef Tournant, wie man damit zurechtkommt, wenn andere alles liegen lassen. „Das war eine harte Zeit, ich habe viel gelernt." Schließlich machte er im Park-Hilton in München Anfang der 1970er Jahre erste Erfahrungen mit dem Computer und wurde am Empfang eingesetzt.

Dann bekam Finkbeiner eine Chance bei seinem größten Vorbild: bei Eckart Witzigmann in München, einem der größten Köche, der die französische Nouvelle Cuisine in den 1970er Jahren in Deutschland etabliert hat. Mit seinem Restaurant Aubergine hatte er drei Sterne geholt. Finkbeiner war im 2-Sterne-Lokal Tantris fast zwei Jahre Commis de Cuisine und Chef de Partie. „Witzigmann hat mich in seiner sportlichen, dynamischen und kreativen Art begeistert. Sein Repertoire war riesig", erzählt Finkbeiner. „Gleichzeitig faszinierte mich sein klarer Umgang mit Menschen, wie er führte und Leistung herauskitzelte, aber gleichzeitig Respekt vor seinen Mitarbeitern hatte. Das hat mich geprägt." Finkbeiner packte sogar seinen Tennisschläger wieder aus.

Er legte seine Meisterprüfung als Koch ab und wechselte als Chef de Rang ins Brenners Park-Hotel & Spa in Baden-Baden. Dort lernte er seine spätere Ehefrau Renate kennen, die eine Lehre als Hotelkaufrau machte, und die er 1977 heiratete.

Die Jagd nach Sternen

Elf Jahre nach Beginn seiner Kochausbildung kehrte er ins Hotel seines Onkels zurück, übernahm 1977 die Leitung der Schwarzwaldstube und machte daraus ein französisches Restaurant mit 40 Plätzen. Finkbeiner, der sich vor allem um die Gäste kümmerte, hatte – zusammen mit seiner Ehefrau – ein goldenes Händchen bei der Auswahl von Mitstreitern. Küchenchef Wolfgang Staudenmaier erkochte zwei Michelin-Sterne, Harald Wohlfahrt war Sous-Chef. „Wir waren völlig überrascht vom schnellen Erfolg", erinnert sich Finkbeiner.

In dem Jahr, als sein früherer Tennispartner Klaus Hofsäss Bundestrainer beim Deutschen Tennis-Bund wurde, musste Finkbeiner im Schwarzwald eine Krise meistern. Staudenmaier kam 1981 auf ihn zu und erklärte, er wolle zu Geitlingers Restaurant ins Saarland wechseln. Für Finkbeiner kam das aus heiterem Himmel und er berichtet, sie hätten sich darauf geeinigt, dass Staudenmaier innerhalb von drei Tagen gehen und noch zwei Leute aus der Küche mitnehmen kann. So zerplatzte das Sterneteam wie eine Seifenblase. Der hart erarbeitete Erfolg geriet in Gefahr.

Wohlfahrt war zu jener Zeit in Frankreich beim Meister der Nouvelle Cuisine und 3-Sterne-Koch Alain Chapel in Mionnay. Zum Glück konnte Egbert Engelhardt einspringen, der spätere Chef des Grauen Hauses in Oestrich-Winkel im Rheingau. „Der Übergang von einem Küchenchef zum andern ist ein Gesamtkunstwerk. Aber wir verloren unsere Sterne nicht“, erinnert sich Heiner Finkbeiner stolz.

Engelhardt konnte aber nicht lange bleiben. Also fuhr Finkbeiner zu Wohlfahrt und konnte ihn als neuen Küchenchef gewinnen mit dem Versprechen, dass er viel Freiraum bekommt. „Er hat dann alles selbst aufgebaut“, erklärt Finkbeiner. Die Jagd nach Michelin-Sternen ging in die nächste Runde. 1984 wurde Finkbeiner Hoteldirektor. Nach einigen Jahren mit zwei Sternen war es dann 1992 so weit: Der Guide Michelin verlieh die höchste Auszeichnung für Harald Wohlfahrt und die Schwarzwaldstube. Damals waren nur drei Restaurants in Deutschland auf dem höchsten Level angekommen, heute sind es zehn. Kurz darauf übergab sein Onkel das Unternehmen an Finkbeiner.

Wohlfahrt war damals bundesweit der jüngste 3-Sterne-Koch, und er ist inzwischen der einzige Koch aus Deutschland, der die drei Sterne ein Vierteljahrhundert gehalten hat. Mit dieser konstanten Gipfelwanderung verankerte er die Schwarzwaldstube in allen Ranglisten ganz oben. So ist der Erste Platz im Hornstein-Ranking, das die wichtigsten Bewertungen der Gastronomieführer zusammenführt, stets für das Gourmetrestaurant der Traube Tonbach reserviert.

Auch international sorgen Küche und Keller für Aufsehen. In der französischen „La Liste“, in der Bewertungen von tausend Häusern in 130 Ländern ausgewertet werden, rangierte die Schwarzwaldstube 2017 als hochwertigstes

Restaurant in Deutschland auf dem fünften Rang. Selbst für Finkbeiner überraschend kam aber der Sonderpreis für die beste Weinkarte. Der Award ging nicht etwa an ein berühmtes französisches Restaurant, sondern nach Baiersbronn, wo keine Rebe wächst. Bei der Auszeichnung im Pariser Quai d'Orsay musste Finkbeiner eine spontane Dankesrede auf Französisch halten. Kein Zuhörer wäre auf die Idee gekommen, dass ein ehemaliger Fünfer-Kandidat in dieser Fremdsprache das „Merci" aus dem Stegreif so eloquent formuliert.

Für die erst 2009 eröffnete Vinothek verantwortlich ist der Sommelier Stéphane Gass, der den Freiraum dazu nutzt, seine außergewöhnlichen Reisen durch die Weinbaugebiete auf die Karte zu bringen. „Er ist ein Enthusiast, der ähnlich gestrickt ist wie Harald Wohlfahrt", sagt Finkbeiner begeistert.

Kleiner Artikel mit großer Wirkung

Im Oktober 2016 erschien ein kleiner Artikel mit großer Wirkung im Wirtschaftsmagazin „Impulse". Dort bedauerte Finkbeiner in der Reihe „Mein größter Fehler" die extremen Arbeitsanforderungen der Vergangenheit an die Mitarbeiter, die dazu geführt hätten, dass die Branche für die Jugend viel von ihrem Reiz verloren hat. Er ließ sich mit dem Satz zitieren: „Unsere Mitarbeiter, die Ressource Mensch, haben wir nicht im Blick gehabt." Dieses Eingeständnis eines der Großen der Branche schlug ein wie eine Bombe. Viele Ehemalige meldeten sich mit Respekt, aber manche auch mit dem Hinweis, dies komme reichlich spät.

Damals sahen immer weniger junge Leute ihre Zukunft im Gastgewerbe. Insbesondere die Kochausbildung geriet mit ihren überlangen Arbeitszeiten, schlechter Bezahlung und dem rauen Umgang in die Kritik. Viele sahen solche Veröffentlichungen eher als Nestbeschmutzung. Doch nun äußerte sich plötzlich sogar Heiner Finkbeiner selbstkritisch. Wie kam er dazu?

„Mein Gewissen hat sich gemeldet", sagt er rückblickend zu seinem ***Tag der Entscheidung.*** „Es ist auch ein Zeichen der persönlichen Entwicklung, ein Lernprozess." Durch Gespräche mit Mitarbeitern und Auszubildenden habe er sich mit diesen Themen auseinandergesetzt und über Kritik nachgedacht. „Wir sind früher nicht gerecht genug mit den Mitarbeitern umgegangen. Da sind Fehler geschehen. Die Anzahl der Stunden, die gearbeitet wurde, man kann nicht sagen, dass die Mitarbeiter missbraucht wurden, aber fast ausgenutzt. Das war die normale Entwicklung damals, nicht nur in der Traube Tonbach. Die heutige Gesetzgebung macht absolut Sinn." Vor allem seine Ehefrau habe Veränderungen angeregt.

Früher stand der Gast ganz oben, das Personal unten. „Heutzutage geht es nur, wenn sich die Mitarbeiter für das Unternehmen einsetzen." Auch die Gäste ändern sich, sie achten auf soziale Faktoren. „Früher wurden Mitarbeiter gar nicht richtig wahrgenommen." Schau erst mal, dass du etwas wirst, dann kannst du irgendwann einmal vielleicht mitreden, hieß es in den 1970ern. „Heutzutage bekommen wir traumhafte Anregungen von unseren jungen Leuten", hat Finkbeiner erkannt.

Das Bild hat sich gewandelt. Finkbeiner achtet auf Fairness, die Azubis bekommen Paten zur Seite gestellt, können in einem Personalhaus wohnen, Familien werden zusammengeführt. Einmal im Jahr kommen Ehemalige zum Galamenü. Die Traube Tonbach gehört zu den Gründungsmitgliedern der Initiative „Fair Job Hotels", mit der Spitzenhäuser in Deutschland durch Vorbildfunktion für einen Imagewandel sorgen wollen. „Unser Haus lebt vor allem von unseren Mitarbeitern. Wenn Kritik kommt, wird diese sehr ernst genommen." So wurde etwa die Rezeption luftiger und heller umgebaut. In Details geht er bei dem Thema nicht, ihm ist es aber wichtig, festzuhalten: „Ich habe niemanden persönlich vergrault."

Hotelier in der achten Generation

Baiersbronn hat einen fantastischen touristischen Aufstieg erlebt. Es liegt zwar weniger Schnee heutzutage, aber die Sterne sind dafür nicht nur am Himmel zu finden. Die Ortschaft zwischen Murgtal und Hornisgrinde mit 15.000 Einwohnern ist zur Pilgerstätte für Kulinaristik geworden. Mit den Küchenchefs Harald Wohlfahrt, Claus-Peter Lumpp (Restaurant Bareiss) und Jörg Sackmann (Schlossberg) sind dort acht Michelin-Sterne versammelt. Die Gourmetküchen kannibalisieren sich nicht, sondern stärken sich gegenseitig. So ist es normal, in einem der Spitzenhotels zu wohnen und auch im anderen essen zu gehen. Kein Hotelchef stellt Barrieren auf. Das Motto lautet: Wettbewerb und gegenseitiger Respekt.

Die Familie Finkbeiner betreibt das 1789 als Holzfällerschänke eröffnete Haus in der achten Generation.

Die Söhne Matthias und Sebastian absolvierten bereits ihre Kochausbildung im Brenners Park-Hotel sowie im Nassauer Hof in Wiesbaden. Danach sammelten sie Erfahrung unter anderem in Australien und Thailand. Schließlich studierten sie an der IUBH Bad Honnef und haben beide den Abschluss als Bachelor und Dipl. Kaufmann. 2009 stiegen sie in die Geschäftsleitung ein und sind damit auf bestem Wege, in die Fußstapfen des Vaters zu treten. Für sie war die Entscheidung offenbar leichter als für ihren Vater. Tochter Antonia kümmert sich um Sales und Marketing.

Mit der Zeit wuchs die Traube, überquerte die Tonbachstraße, erklomm den Hügel. Alle paar Jahre kam ein neuer Trakt hinzu: Steinmäuerle, Elme, Rinkenkopf. Inzwischen hat das Hotel 153 Zimmer und Suiten sowie vier Restaurants und einen 4.500 Quadratmetern großen Wellnessbereich. 340 Mitarbeiter sorgen für das Wohl der Gäste. Die Auslastung beziffert Finkbeiner auf 80 Prozent. In Spitzenzeiten sind hundert Kinder zu Gast. Für sie wurde die Tennishalle zu einem Erlebniszentrum umgebaut. Ausflügler können sich in einer bewirtschafteten Blockhütte stärken.

2012 wurde das Haus Kohlwald neben dem Stammhaus renoviert. Seither wird auch die gesamte Hotelanlage von einem umweltfreundlichen Blockheizkraftwerk versorgt. Schließlich wurde die Sole im Außenpool durch Wasser aus der Tonbacher Buschbrunnenquelle ersetzt. Es gibt immer etwas zu tun. Zimmer und Balkone sind in ständiger Überarbeitung, und der Außenfassade muss wieder das Strahlen beigebracht werden. „Jährlich investieren wir zehn Prozent des Umsatzes", sagt Finkbeiner wie stets kontrolliert, ohne den Betrag zu nennen.

Viele Gäste sind Wiederholungstäter. Beliebt sind Galadinner-Touren, bei denen internationale Feinschmecker etwa von Fischers Fritz in Berlin über den Bayerischen Hof bis zur Traube Tonbach oder zum Hotel Bareiss reisen und dort jeweils auch übernachten. Die Dauer der Buchungen geht zurück, die Gäste entschließen sich kurzfristiger. „Aber wenn man eine Top-Leistung erbringt, hat man gute Chancen."

2011 erweiterte das Familienunternehmen seine Geschäftsfelder. Es betreibt nun auch das Schloss Meersburg am Bodensee und das 2015 komplett modernisierte Schlosshotel Monrepos in Ludwigsburg. Auch der Einstieg in die Betriebsgastronomie gelang. Inzwischen beschäftigt Finkbeiner 500 Mitarbeiter.

Ein Ende mit Schrecken

In der Schwarzwaldstube wird jährlich etwa je eine Tonne Fisch, Fleisch und Gemüse auf angenehmste Art für den Gaumen veredelt. Der kulinarische Thron hat 35 Plätze mit Mittags- und Abendbetrieb. Wer den Blick von den kunstvoll angerichteten Tellern abwendet, blickt durch große Fenster auf die kahlen Stellen des Bergs Elme. Der Wald wurde am Abend des 30. Juni 2012 von einem fürchterlichen Gewittersturm umgeknickt.

Wie geht es nach 40 erfolgsverwöhnten Jahren weiter? Das Restaurant wurde luftiger und heller gestaltet, aber das schwere Holz an der Decke bleibt. „Das wird wieder modern", glaubt Finkbeiner. Insgesamt müsse künftig alles schneller gehen, weil die jungen Leute nicht mehr so viel Zeit haben. Wie hält er es mit der Kleiderordnung der Mitarbeiter? „Ein paar Richtlinien müssen gewährleistet sein." Also wird die Krawatte wohl bleiben.

Völlig unerwartet scheiterte im Sommer 2017 der lange geplante Übergang von Harald Wohlfahrt, der 2016 seinen 61. Geburtstag feierte, in eine Managementposition als kulinarischer Direktor. Es war wohl ein großes Missverständnis. Wohlfahrt klagte überraschend gegen diese Änderung. Erst kurz vor dem Arbeitsgerichtstermin am 25. Juli 2017 einigten sich beide Parteien auf einen Vergleich und vermieden so eine weitere öffentliche Auseinandersetzung. Das Ergebnis lautet: Wohlfahrt verlässt das Haus. Die lange und außerordentlich erfolgreiche Zusammenarbeit mit Finkbeiner ging so mit einem lauten Knall zu Ende. Wohlfahrts Nachfolger ist und bleibt Torsten Michel, der bereits seit 2004 in der Schwarzwaldstube ist und die Küche seit 2016 als Küchenchef leitet. Er bereitete sich eine Dekade lang auf die großen Schuhe der Kochlegende vor.

Wie arbeitet der Chef heutzutage? „Ich habe das kleinste Büro." Es liegt direkt neben dem Eingang. „Ich sehe jeden Gast. In den Gesichtern erkenne ich, wenn mal etwas nicht stimmt. Der Gast ist mein Arbeitgeber." Es herrscht sichtbar Respekt, wenn der 1,96 Meter große Finkbeiner durchs Hotel geht. „Wenn ich jemanden ins Büro bitte, ist es eine ernstere Sache, ansonsten betreibe ich Management by walking around.“ Sein Vorbild als Hotelier ist Horst Schulze alias Mr. Ritz-Carlton, der mit äußerster Konsequenz eine außerordentliche Exzellenz aufbaute.

Finkbeiner hat eine Menge Ehrungen gesammelt. 1997 wurde er Hotelier des Jahres der AHGZ, 2003 erhielt er das Bundesverdienstkreuz. Seit 2002 ist er im Präsidium von „Les Grandes Tables du Monde“ vertreten, einer Vereinigung besonderer Restaurants aus 24 Ländern. Er bekam die Brillat-Savarin-Plakette und ist seit 2006 Ritter der französischen Ehrenlegion. 2015 wurde er vom Gault-Millau zusammen mit seiner Ehefrau erneut als Spitzenhotelier ausgezeichnet. Entspannen kann er am besten beim Golf mit seinen Freunden Berti Vogts und Thomas Schreiner oder wenn er sich von seiner Frau, einer Bach- und Mozart-Liebhaberin, ins Festspielhaus nach Baden-Baden ausführen lässt.

Bei einem Skiunfall in Kitzbühel brach er sich die Schulter und trainierte so hart, dass er inzwischen sogar wieder knackige Aufschläge beim Tennis hinbekommt. Die Frage, ob er einer Sportkarriere nachtrauert, hält er für abwegig. „Die Dinge sind gekommen, wie sie sind“, sagt er ohne eine Spur Melancholie. „Ich habe viel Spaß an meinem Beruf. Selbstverständlich würde ich es wieder so machen.“

CARSTEN K. RATH

Eine Karriere ist nicht genug

Carsten K. Rath hat auf einer schwindelerregenden Reise durch die Hotellerie einen Höhepunkt nach dem anderen erklommen. Nun hält er inne.

Eines Tages nahm der Schweizer Unternehmer Peter Mettler den Hotelier Carsten K. Rath mit an den Stadtrand von Zürich und zeigte ihm ein Grundstück. Hier in dieser Gegend werde bald der neue Kern der Schweizer Wirtschaft entstehen, eröffnete er ihm. Und deshalb sei es der ideale Ort für das neue Kameha Grand. Rath schaute seinen Geschäftspartner ungläubig an. Vor ihm lagen Wiesen und Felder: „Ich sehe hier nur Kühe", antwortete er und fragte sich, ob die Milchwirtschaft wirklich ein Grandhotel braucht. Doch Mettler erblickte am Horizont schon eine Cashcow.

Bei näherem Hinschauen entpuppte sich der Glattpark in Opfikon als ein gigantisches Entwicklungsprojekt. Es liegt auf dem Weg zwischen dem alten Zürcher Stadtkern und dem Flughafen, der in zehn Minuten zu erreichen ist. Innerhalb von zehn Jahren sollten dort Arbeitsplätze und Wohnungen für 7.000 Menschen aus dem Boden gestampft werden. Heutzutage ist der neue Stadtteil fast fertig mit Bus-, Bahn- und Schnellstraßenanschluss. „Die gesamte Elite der Schweizer Unternehmen ist inzwischen hier", berichtet Rath.

Wo einst Landschaft war, wuchsen Kindergärten und Zahnarztpraxen aus dem Boden, es gibt Filialen von Spar und Coop, Restaurants, Kosmetikstudios, Grill- und Fußballplätze und eine Personalvermittlung. In der Nähe wurde der 12,8 Hektar große Opfikerpark für 16,5 Millionen Schweizer Franken angelegt. Dazu gehört auch ein künstlicher See, der mit Dachwasser gespeist wird und Badequalität hat. Und hier steht das mächtige Kameha Grand mit 245 Zimmern und großer Veranstaltungshalle, dem Dome.

„Alle haben gesagt, kein Mensch braucht ein solches Hotel in der Schweiz", erinnert sich Carsten K. Rath. „Schon gar nicht in Zürichs Diaspora." Im Jahr 2010 war urbanes Leben dort nur schwer vorstellbar. Es brauchte eine klare Vision und einen langen Atem. Für die inhaltliche Perspektive sorgte Rath mit seinem ambitionierten Hotelkonzept. „Früher gab es Hotels mit tollem Design und schlechtem Service oder alte Grandhotels mit gutem Service und langweiligem Design. Ich wollte das Beste aus beidem zusammenführen", schildert Rath seine Ausgangslage. Architekt und Entwickler Peter Mettler hielt ihm mit dem Grundstück und Investitionsmitteln den Rücken frei. Zusammen führen sie die Lifestyle Hospitality & Entertainment Group. Die Firma ist Lizenzgeber für die Marken- und Namensrechte der Kameha Hotels und betreibt das Haus in Zürich. Peter Mettler hielt zunächst 20 Prozent der Anteile. Als ein dritter Partner ausschied, stockte er auf 80 Prozent auf. Rath besitzt den Rest.

Burlesque Suite ist gefragt

Kameha ist nicht nur ein Hotel, es ist die Philosophie, unterschiedliche und zum Teil gegensätzliche Elemente zu vereinen: Ausladendes Design und Wärme, neobarocker Stil und Behaglichkeit, laut und leise, groß und heimelig, opulent und elegant, Technik und Funktionalität, Luxushotellerie und Shisha Lounge. „Life is grand" steht in großen Lettern auf der Gebäudefassade und bringt das Motto auf den Punkt. Aber der Spagat bedeutet auch, jeder kann sich über ein anderes Detail aufregen, wenn er will.

Wer das groß angelegte Hotel betritt, ist erst einmal über den kleinen Eingangsbereich erstaunt. „Wir haben uns bewusst gegen eine Publikumslobby entschieden und für eine Funktionslobby", erklärt Rath. Dafür gibt es eine 915 Quadratmeter große Eventhalle für bis zu 960 Personen, die am Anfang mit ätzender Kritik überzogen wurde, aber inzwischen gut ausgelastet ist und mit diversen After-Show-Partys und bisweilen auch Hollywoodstars als Gästen Glamour in den Glattpark und ins Kameha Grand bringt.

„Von Anfang an war die entscheidende Frage, ob es uns gelingt, auf diesem Gelände zwei Zielgruppen zu vereinen: Können gleichzeitig sechshundert Leute im Ballsaal feiern und die Hotelgäste in den anderen Bereichen Cocooning betreiben?" Das scheint zu funktionieren. Während Eventbesucher im fast acht Meter hohen Dome zusammenkommen, finden Gäste unter anderem in den elf Themensuiten des niederländischen Designers Marcel Wanders ihr besonderes Hotelerlebnis. Zur Wahl stehen etwa die Diva Suite mit großem Kosmetik-Bereich, die Gentlemen Suite à la James Bond oder die Workout Suite mit Mini-Tischtennisplatte und Hanteln. „Am stärksten gebucht ist die Burlesque Suite, da könnten wir drei oder vier davon haben", erläutert Rath.

So viel Liebe zum Detail ist selten. Mit den vielen Goldpailletten und Design-Spielereien sieht das Hotel auf den ersten Blick vielleicht verschwenderisch aus. Doch Verwaltungsratschef Peter Mettler betont: „Es ist kein Kitsch, sondern wird funktional eingesetzt und gleichzeitig überrascht es." Rath erklärt die Bauweise an einem Beispiel:

„Schlimmstenfalls hat ein solches Hotel vier oder fünf Bars an unterschiedlichen Stellen." Cocktail-Bar, Bankett-Bar, Service-Bar, Restaurant-Bar und eine Lobby-Bar. „Wir haben einen Mittelpunkt mit Kühlhäusern geschaffen, der von zwei Seiten aus begehbar ist, außen für den Bankettbereich, nach innen für die Lounge." Auch Kaffeemaschinen und andere Geräte können mehrfach genutzt und müssen nicht doppelt und dreifach angeschafft werden.

„Außerdem achten wir auf zeitgemäßen Service", betont Rath. Deshalb gibt es keine Minibars, keinen Doorman oder Pagen und keinen Turndown-Service. „Als Grandhotel muss man nicht mehr alles anbieten, sondern das, was die Zielgruppe haben will." So kommt er bei 245 Zimmern auf nur 128 Mitarbeiter. „Wir erreichen damit zwar nicht die Anzahl der Mitarbeiter des Dolder oder des Baur au Lac, aber wir sind innerhalb der gebotenen Leistungen exzellent."

Das Gourmetrestaurant YOU mit Küchenchef Norman erhielt auf Anhieb einen Michelin-Stern sowie 16 Punkte im Gault Millau. Nur zwei feste Kellner sind für die 25 Plätze eingeteilt. YOU ist nicht der größte Gewinnbringer, aber viele Eventveranstalter buchen das Hotel vor allem wegen der exzellenten Küche. Das italienische Restaurant L'Unico ergänzt die Gastronomie.

Von CarMa zu Kameha

Der 1966 geborene Carsten K. Rath wollte sich ursprünglich zusammen mit seinem Freund Frank Marrenbach selbstständig machen, dem Chef des 5-Sterne-Hauses Brenners Park-Hotel & Spa in Baden-Baden. Der Name des aufgehenden Hotelsterns sollte CarMa heißen – aus Carsten und Marrenbach. Doch im Streit mit einem fremden Investor kam alles anders, und Marrenbach konzentrierte sich auf die Oetker Collection. Raths Jungfernprojekt war 2008 die Kameha Suite in Frankfurt, eine Event-Gastronomie. Das erste selbst entwickelte Hotel sollte dann auf Mallorca entstehen, aber die Partnerschaft mit dem Eigentümer passte nicht, und so kam Rath schließlich 2009 in Bonn auf wundersame Weise zum Zuge.

Dort wartete direkt am majestätisch fließenden Rhein in Sichtweite des Siebengebirges ein fast fertiggestellter Hotelbau auf einen Betreiber. „Ursprünglich wollte der Eigentümer ein W von Starwood dort haben", erzählt Carsten K. Rath. Das gelang ihm jedoch nicht, und er begeisterte sich für das Kameha Grand. „Wir sind erst neun Monate vor Fertigstellung eingestiegen. In der Lobby wurden schon riesige Plastik-Palmen und Wasserbecken geplant." Innerhalb kürzester Zeit musste die gediegene Atmosphäre auf Kameha-Design und so genannten Neo-Barock gedreht werden. Trotz der baulichen Herausforderungen war die Eröffnung ein voller Erfolg, das Haus heimste zahlreiche Preise ein.

Heutzutage führt Rath das Hotel nicht mehr operativ. Es ist aber bis zum Jahr 2034 mit einem Marken- und Lizenzvertrag verbunden. „Für uns war das eine Win-win-Situation und wir konnten uns auf weitere Projekte konzentrieren."

Perfektion und Katastrophe

Völlig anders lief es in Zürich, wo buchstäblich alles neu auf der grünen Wiese geplant werden konnte. Für Rath war die Zusammenarbeit mit dem späteren Resident Manager Jan Langhammer von Anfang an ein perfektes Szenario.

So wunderbar die Planung und der Bau verliefen, so katastrophal waren die Vorzeichen für das Opening. „14 Tage vor Eröffnung traf uns die Freilassung des Franken", sagt Rath. Damit ist die Aufwertung der Schweizer Währung im Januar 2015 gemeint, als der Franken plötzlich bis zu 20 Prozent an Wert gewann. „Der gesamte deutsche Markt ist komplett kollabiert und alle Euro-Touristen wandten sich von der Schweiz ab. Wir hatten im Budget mit 36 Prozent der Gäste aus Deutschland geplant. Gleichzeitig verfiel der Rubel um 30 Prozent wegen der Krim-Krise, damit brachen weitere zwölf Prozent der vorhergesehenen Gäste weg. Und dann kam der arabische Frühling, sodass auch von dort weniger Gäste kamen." Auch das Bröckeln des Bankgeheimnisses nagte an Auslastung und Raten. „Die Schmerzen sind da", sagte Rath damals kurz nach der Eröffnung.

Kritiker und Schlauberger hatten das alles natürlich schon immer gewusst. Rath musste das Steuer herumreißen. „Heutzutage sind wir ein völlig anderes Hotel." Zwei Drittel der Gäste kommen aus der Schweiz. Amerikaner, Engländer sowie Inder und Chinesen sind auch stark vertreten. Darunter sind viele Businesskunden, die den großzügigen Spa-Bereich wenig nutzen. Dafür könnte die Bar größer sein. „Der Markt diktiert das Hotel", lautet

Raths Fazit. Nach zwei Jahren ist die Belegung auf 75 Prozent gestiegen bei einer mäßigen Rate von 200 Franken. Ein kleines Wunder, aber es ist noch nicht genug.

Es geht immer um alles

Carsten K. Rath hat lange in galaktischen Dimensionen gedacht, und er versteht sich auf Inszenierungen. Für die Eröffnung des Kameha Grand in Bonn fand der *General-Anzeiger* die Überschrift: „Glitzer, Glamour und Garnelen". Unter den 1.200 Gästen waren der damalige Außenminister Guido Westerwelle, Thomas Gottschalk und ihre Hoheit die Begum Aga Khan. Sie erlebten nach der atemberaubenden Lasershow ein gigantisches Feuerwerk am Bonner Bogen.

Ein Motto von Rath lautet: „Es geht immer um alles." Seine Kämpfernatur kommt vom Tennis. Schon als 14-Jähriger zog der sportliche und aufbrausende Heranwachsende aus Oberlahnstein in Rheinland-Pfalz einen Sponsorenvertrag mit Adidas an Land. Er war nicht der Typ, der sich mit seinem Gegner an den Tisch setzte, wenn er ihn aus dem Turnier geworfen hatte. Mit 17 gründete er eine Tennisschule, holte einen Freund mit ins Boot und verkaufte 500 Trainerstunden gegen Vorkasse. Aber sein Partner machte sich mit dem Geld aus dem Staub. Raths Vater sorgte dafür, dass er die Lehrstunden alle abarbeitete.

Dann kam es aus heiterem Himmel noch schlimmer. Eines Tages stieg er aus dem Bus, rutschte von der Bordsteinkante ab und knickte um. Die Folge war nicht nur ein Bänderriss, sondern auch noch ein schwerer Bandscheibenvorfall mit taubem Bein und starken Schmerzen. Rath fiel über Nacht ins Nichts, eine Rückkehr auf den Court war unmöglich. „Tennis war mein Leben, Ich wollte immer in Wimbledon spielen. Aber plötzlich hatte ich Panik, mich zu bewegen. Einen Plan B hatte ich nicht."

Sein Vater wollte, dass er sein Architektenbüro übernimmt, aber Carsten K. Rath fühlte sich dazu völlig ungeeignet. Dann traf er eines Tages an der Theke im Tennisclub ein hübsches Mädchen, das Restaurantfachfrau lernte. Rath konnte sich für diesen Beruf begeistern, sein Vater war zunächst entsetzt.

1987 begann er seine Lehre im Alemannenhof in Hinterzarten im Schwarzwald und lernte bei Oberkellner Klaus-Dietrich vieles und auch, wie er es lieber nicht machen wollte. Die Terrasse des Lokals nannte er Golanhöhen, wie das Hochplateau im Nahen Osten zwischen Israel und Syrien. „Sie war im Sommer brütend heiß, potenziell vermint und immer wieder Schauplatz kriegerischer Auseinandersetzungen", schreibt Rath in seinem ersten Buch *Sex bitte nur in der Suite.*

Showdown in der Küche

Ein glücklicher Zufall führte ihn nach seiner Lehre ins Hotel Kempinski Gravenbruch. Dann wechselte Carsten K. Rath nach Südafrika und wurde im Indaba Hotel in Johannesburg rechte Hand des Direktors. 1993 ging er wieder zu Kempinski zurück und kam nach Peking. Wichtige deutsche Politiker machten in dem 570-Zimmer-Hotel Station, und er lernte dort seine spätere Ehefrau Susanne kennen. Aber es war eine schaurige Zeit mit Hinrichtungen in einem Stadion als Vorprogramm zu einer Sportveranstaltung.

Im Kempinski im Beijing Lufthansa Center ereignete sich eine denkwürdige Auseinandersetzung. Als der Gastronomiechef seinen Stellvertreter Rath loswerden wollte, übertrug er ihm eine halbe Stunde vor Beginn des Kempinski Board Dinners, das war ein Gala-Dinner für 30 Personen mit den Kempinski-Bossen, dem Lufthansa-Vorstand und ranghohen Chinesen, die Aufgabe, das Bankett zu leiten. Er wusste wohl, dass das in der kurzen Zeit unmöglich war. Rath war in der Zwickmühle und ersann dann einen teuflischen Plan, wie er seinen Kopf aus der Schlinge ziehen konnte.

„Es war reine Notwehr", betont Rath. Er brachte an dem Abend zusammen mit Kollegen die Teller an die Tische. Als 26 Gäste ihr Essen hatten, versenkte Rath auf dem Weg zum Dinnersaal die restlichen vier Teller heimlich in einer Mülltonne. So warteten die wichtigsten Kempinski-Leute vergeblich auf ihr Essen. Ein Eklat. Rath ging zurück in die Küche und stellte trocken fest: „Es fehlen vier Hauptgänge." Weitere Portionen gab es nicht. Das dann folgende Drama kostete den Gastronomiechef seinen Job. Rath ersetzte ihn fortan.

Aus dem Fernen Osten ging es in den Osten Deutschlands, ins Taschenbergpalais Dresden. Er heiratete Susanne in Radebeul. Als 1995 der neue Kempinski-Chef Reto Wittwer zu Besuch kam, war Rath als junger Abteilungsleiter zu einer Fragerunde eingeladen. Er wollte ziemlich forsch wissen, warum nach den kurzfristigen Chefwechseln nun mit Wittwer alles besser werden sollte. Die Antwort habe gelautet: Weil mein Vertrag so hoch dotiert ist, dass die Firma pleite geht, wenn ich rausfliege. Das imponierte Rath, aber danach nahm Wittwer ihn zur Seite und erklärte ihm überaus eindringlich, dass er ihm nie wieder solche Fragen in der Öffentlichkeit stellen solle. Doch die Verbindung zur obersten Führungsspitze war hergestellt. Sie sind bis heute gute Freunde.

Endlich Hoteldirektor

Danach stieg Rath zum stellvertretenden Direktor des Adlon in Berlin auf und war für die Wiedereröffnung des Hauses verantwortlich. „Kein Mensch wusste damals, was das Adlon ist“, erzählt er. Erst Direktor Gianni van Daalen habe den Mythos geschaffen. Am Tag der Eröffnung, dem 23. August 1997, machte sich Rath mit einem Titelfoto in einer Berliner Zeitung bei seinem Chef unbeliebt. Mit dem hatte er die Abmachung: „Wenn die Lichter der Kameras angehen, gehen deine aus.“ Dagegen hatte er verstoßen.

Rath wollte endlich selbst Direktor werden. „Es ging nur noch um Karriere, um falsche Ziele und darum, meinen Erfolg in den Mittelpunkt zu stellen“, sagt Rath heutzutage selbstkritisch. „Ich wollte möglichst viel und es laut und schnell erreichen, koste es, was es wolle. Rückblickend war das Adlon der Höhepunkt. Wenn ich Fehler in Karriereplanung gemacht habe, dann dass ich zu früh aus dem Adlon weggegangen bin.“

Im Jahr 1998 ging der Traum in Erfüllung. Rath wurde General Manager im The Bentley Kempinski in London und blieb dort, bis der Anruf von Horst Schulze kam, dem Welt-Hotelier und Gründer von Ritz-Carlton. Er wollte ihn haben. „Ritz-Carlton war ein closed shop, Bewerber von außen wurden so gut wie nie genommen."

Allerdings wäre das Vorstellungsgespräch in den USA beinahe gescheitert. Rath saß am Vorabend im Ritz-Carlton, der Firmenzentrale, im Wellness-Bereich nackt in der Sauna – ein Moral-Verstoß im prüden Amerika. Zwei Gorillas entfernten ihn aus dem Bereich, aber zu seinem Glück informierte niemand die Leitung und er wurde genommen. Nach eigener Einschätzung hat Rath als GM in Florida mehr gelernt als je zuvor in Sachen Qualitätsmanagement und Perfektion. „Bis dahin war ich ein schlechter Hotelier."

2001 kehrte Rath nach Deutschland zurück und übernahm vom Ritz-Carlton-Manager Philipp Graf von Hardenberg den Fürstenhof in Celle und die Residenz-Hotels. Dort ging er jedoch als Geschäftsführer mangels Finanzausstattung in die Insolvenz, auch eine lehrreiche Erfahrung.

Das Karrierekarussell drehte sich zu dieser Zeit immer schneller. Rath wurde Chef des Robinson-Clubs. „Draußen in den Clubs arbeiteten sie wie Profi-Entertainer, innen ging es in der Konzernstruktur von Tui zu wie im Finanzamt. Das war meine am wenigsten erfolgreiche Zeit", bilanziert er heute.

Bei einem Abendessen lernte er Robert Salzl kennen, damals Chef der Geschäftsführung der Arabella Hotel Holding des Schörghuber-Imperiums. Rath schildert die Begegnung so, dass Salzl auf ein Gespräch unter Männern an der Theke drängte und ihm dort seine Nachfolge anbot. So wurde Rath im November 2005 Chef von 41 Hotels in Deutschland, Österreich, in der Schweiz, auf Mallorca und in Südafrika. Dort nahm jedoch der Überlebenskampf in der Schlangengrube breiten Raum ein. Rath berichtet von üblen Gerüchten, die verbreitet wurden, dass er wegen eines Vergehens angeblich nicht in die USA einreisen dürfe. Also plante er als Gegenbeweis seine erste Geschäftsreise gerade erst recht an den Firmensitz von Starwood in den USA – und entließ zuvor den Geschäftsführer, den er für das Gerücht verantwortlich machte.

Auf dem Gipfel

Mitte der 2000er Jahre war Rath mit noch nicht mal 40 Jahren ein Shooting Star der Branche, galt als einer der kreativsten Hoteliers und als Servicebesessener. Rath hatte auf vier Kontinenten in den besten Hotelgesellschaften gearbeitet und hätte sich fast jeden Job aussuchen können. Damals saß er an den Wochenenden mit Frank Marrenbach zusammen und entwickelte parallel das Kameha-Konzept. Nach drei Jahren bei Schörghuber ließ er zur Überraschung aller die Vertragsverlängerung platzen und wählte die Freiheit. Er wurde Unternehmer.

Rath fand einen Investor, der zwanzig Kameha Grand Hotels bis 2020 bauen wollte. „Natürlich war ich beseelt von dem Gedanken“, erklärt Rath. „Das ist ein Riesen-

Investitionsvolumen. Mein Fokus lag immer auf Marke, Service Exellence und Design statt auf Geld und Entwicklung. Das war sicher eine Schwäche."

Die Welt wartet stets auf Breaking News aus dem Hause Rath. Nach rund zehn Jahren Kameha ist Carsten K. Rath aber ruhiger geworden, auch älter. „Die Nähe zum fünfzigsten Geburtstag hat viel verändert", sagt er. „Bis 49 war ich gefühlt unsterblich. Nun kommen die Einschläge näher. Früher habe ich mir Ziel nach Ziel gesetzt und dies meist schneller erreicht als erwartet." Dann fiel ihm auf: „In dem Moment, wo du das Ziel erreicht hast, ist es nicht nur erreicht, sondern zerstört. Du kannst es nur durch ein Neues ersetzen und von vorne beginnen. Glücklich macht das nicht."

Weitgehend unbemerkt von der Öffentlichkeit gründete Rath 2011 zusammen mit der österreichischen Unternehmerin Sabine Hübner die Managementberatung richtigrichtig.com, die sich mit Service-Haltungs- und Führungsthemen befasst. Die meisten Kunden stammen von außerhalb der Hotellerie: Versicherungen, Banken und Logistik-Unternehmen. Rath hat sich den Ruf als „5-Sterne-Redner" erarbeitet und ist unter die Buchautoren gegangen. Seit seinem Erstlingswerk 2014 über sein Leben als „Grandhotelier" geht es Schlag auf Schlag.

Freiheit und Lebenszeit

2017 stellte er auf der Leipziger Buchmesse sein neues Werk vor: *Ohne Freiheit ist Führung nur ein F-Wort*. Darin nimmt er die Kunstfigur COMO, den Corporate

Monkey, aufs Korn. Es geht um Manager, die in straffen Systemen leben, keine kreativen Gedanken zulassen und den Mitarbeitern alles vorschreiben. Rath lässt selbstkritisch Episoden aus seiner Karriere einfließen und plädiert für Freiheit. Nur so könnten Kunden begeistert und nachhaltige Erfolge erzielt werden.

Rath reist viel, lebt mehrere Monate im Jahr auf Bali und hat entdeckt, wie wichtig es ist, Dinge zu Ende zu denken. „Ich war selbst viele Jahre lang der Chef-COMO", sagt er. „Jetzt stehe ich nicht mehr im Zentrum des Universums."

Und dann berichtet Rath vom ***Tag der Entscheidung.*** „Ich ziehe mich geplant aus der Hotellerie zurück." Konkret hat er bereits die Geschäftsführung des Kameha Grand in Zürich niedergelegt. Außerdem wird er seinen Anteil an der Lifestyle Hospitality & Entertainment Group verkaufen. „Niemand hat das Recht auf meine Lebenszeit."

Ein Ausstieg aus Kameha Grand? Sein Baby bei Stiefeltern? „Ich leide wie ein Hund und freue mich zugleich auf das neue Leben. Mehr als ich leide – sonst täte ich es ja nicht", sagt Rath dazu. „Aber ich bin jemand, der negative Dinge in Schachteln verpacken und wegstecken kann." Kameha war ein steiniger Weg. Heute interessieren ihn andere Fragen: „Wo ist der Sinn, wenn man morgen stirbt? Was bleibt übrig für meine Familie?" Da gehe es nicht um den größten Hotelier. „Ich brauche eine Pause. Vielleicht wird die Pause ziemlich lang. Aber es kann immer ein Comeback geben" sagt er halb augenzwinkernd, halb drohend. „Und ich komme irgendwann zurück und werde ein richtiges Grandhotel führen."

Ende der Reise

Hier geht die Reise durch die Welt der Hotellerie und angrenzender Universen erst einmal zu Ende. Ich bin dankbar, dass ich die fast unendlichen Weiten zusammen mit meiner Ehefrau Judith erforschen durfte. Als großes Geschenk sehen wir die Offenheit und das Vertrauen unserer Gesprächspartner. Wir haben nicht nur viel erfahren, sondern auch gelernt.

Jede Begegnung war einzigartig. Einmal saßen wir beim Interview im Schloss Elmau mit Blick auf das Wetterstein-Massiv, dann fast tausend Kilometer weiter nördlich im Beachhotel Kaiserstrand in Bansin auf Usedom und später wieder im Süden in der Motel One-Zentrale in München. Zu den Treffpunkten gehörten die Bars im Hamburger Hotel Grand Elysée und im Kameha Grand in Zürich, das Chef-Büro der Brauerei Waldhaus im Schwarzwald, das eindrucksvolle Domizil von Joi-Design in Hamburg und die Lobby mit Aussicht in der Traube Tonbach in Baiersbronn.

Beeindruckend war es im Brenners Park-Hotel & Spa in Baden-Baden. Das Bebenhausener Landhotel Hirsch und der Bayerische Hof in München sind immer eine Reise wert, gern waren wir im Hotel InterContinental in Düsseldorf. Anregend waren die Gespräche beim Kaffeeröster Albert Darboven in Hamburg, Christoph Hoffmann traf ich mehrmals, unter anderem in der Villa Kennedy in Frankfurt. Die Orte waren außergewöhnlich und die Gespräche einzigartig.

Der ***Tag der Entscheidung*** begann mit einem mutigen Entschluss. Dankbar bin ich dem Matthaes Verlag und der dfv Mediengruppe, dass ich diese Idee verwirklichen konnte. An vorderster Stelle ist Aufsichtsratschef Klaus Kottmeier zu nennen, der grundsätzlich dafür steht, journalistische und publizistische Konzepte voranzubringen. Dazu gehören auch die Geschäftsführer Markus Gotta, Joachim Eckert und Clemens Knoll, die das Projekt genehmigt haben. Buch-Chefin Bruni Thiemeyer gab die entscheidenden Impulse zum Design und sorgte liebevoll für die hochwertige Ausstattung. Marco Peters brachte die Buchstaben ins richtige Format und Ulrike Strerath-Bolz sorgte dafür, dass die Fehler verschwanden.

Genial finde ich die Illustrationen von Judith Hilgenstöhler von Daisy Draft. Ich habe sie über Carsten Rath kennengelernt. Und einer der lockersten und zugleich ernsthaftesten Journalisten unserer Zeit, Hajo Schumacher, steuerte ein Vorwort bei, das einfach nicht überblättert werden kann. Meiner Ehefrau Judith danke ich für Recherche, Korrekturen, Koordination und die Begleitung bei den intensiven Interviews sowie dafür, dass Sie alle Texte so oft las, bis alle Fragen beantwortet waren und die Details passten.

Stuttgart, im Oktober 2017

Rolf Westermann

Rolf Westermann (geb. 1961) ist seit 2014 Chefredakteur der *Allgemeinen Hotel- und Gastronomie*-Zeitung AHGZ der dfv Mediengruppe. Seinen Berufsweg begann er bei der Deutschen Presse-Agentur dpa, wo er rund 23 Jahre lang arbeitete. Dort war er u.a. Volontär in NRW, Redakteur in Mainz, CvD in Frankfurt a.M., Ost-Chef in Leipzig und von 2004 bis 2012 Landesbüroleiter für die Hauptstadt und Ostdeutschland in Berlin. Dann wechselte er als stellvertretender Chefredakteur zur Nachrichtenagentur dapd, danach wurde er Ressortleiter Nachrichten bei der Bundesausgabe der *Bild*-Zeitung. Sein Studium der Publizistik, Politologie und Psychologie absolvierte er an der Freien Universität Berlin.

Westermann leitet die Jurys Hotelier des Jahres sowie Deutscher Hotelnachwuchspreis und ist Stiftungsratsmitglied der Medienstiftung Leipzig. Weitere Jurymitgliedschaften sind: Deutscher Kinder- und Jugendhilfepreis, Warsteiner-Preis, Carlsberg-Preis. Er war Präsident des Mitteldeutschen Presseclubs zu Leipzig sowie des Märkischen Presse- und Wirtschaftsclubs Berlin. Westermann ist verheiratet und hat zwei Kinder.

Kontakt: Buch-projekt@web.de

Die Illustrationen entstanden unter Verwendung von Vorlagen, für die folgende Rechteinhaber zu nennen sind:

Seiten 6: Annette Hauschild, 10: Schloss-Elmau GmbH & Co. KG, 28: Bodo Krug, 44: Motel One GmbH, 60: DEHOGA Bundesverband, 76: Anja Wechsler, 92: Seetel Hotel GmbH & Co. Betriebs-KG, 108: InterContinental Düsseldorf, 120: Heiko Prigge, 25hours Hotel Company GmbH, 136: J.J.Darboven GmbH & Co. KG, 152: Joi-Design GmbH, 166: Brenners Park-Hotel & Spa, 182: Privatbrauerei Waldhaus, Joh. Schmid GmbH, 196: Hotel Traube Tonbach, Familie Finkbeiner KG, 212: Kameha Grand Zürich, 230: Matthaes Verlag GmbH

dfv Matthaes Verlag

ISBN 978-3-87515-314-9

Grußwort: Dr. Hajo Schumacher
Illustrationen: Judith Hilgenstöhler, DaisyDraft, Hamburg
Lektorat: Dr. Ulrike Strerath-Bolz, Friedberg

Printed in Germany